MERIAN *momente*

W0108777

FUERTEVENTURA

IZABELLA GAWIN

FUERTEVENTURA ENTDECKEN 4

Mein Fuerteventura 6
MERIAN TopTen 10
MERIAN Momente 12
Neu entdeckt 16

FUERTEVENTURA ERLEBEN 20

Übernachten 22
Essen und Trinken 26
Im Fokus – Von Ziegen und Hirten 30
Grüner reisen 34
Einkaufen 38
Sport und Strände 42
Feste feiern 48
Mit allen Sinnen 52

FUERTEVENTURA ERKUNDEN 56

Ferienzentren 58
Im Fokus – Natur & Schutz 82
Puerto del Rosario 86
Sehenswerte Orte 92
Im Fokus – Sol y sal: Sonne und Salz 118

TOUREN AUF FUERTEVENTURA 122

Durch das Bergland nach Betancuria 124
Durch den kargen Inselnorden 126
Zu den Stränden von Barlovento 128
Auf der Felseninsel Lobos 130
Zur Nachbarinsel Lanzarote 132

FUERTEVENTURA ERFASSEN 134

Auf einen Blick 136
Geschichte 138
Kulinarisches Lexikon 144
Service 146
Orts- und Sachregister 154
Impressum 159
Fuerteventura gestern & heute 160

KARTEN UND PLÄNE

Fuerteventura .... Klappe vorne
Corralejo .... Klappe hinten
Costa Caleta (Caleta de Fustes) 67
Costa Calma 71
Morro Jable 77
Puerto del Rosaria 89
Isla de Lobos 131
Lanzarote 133

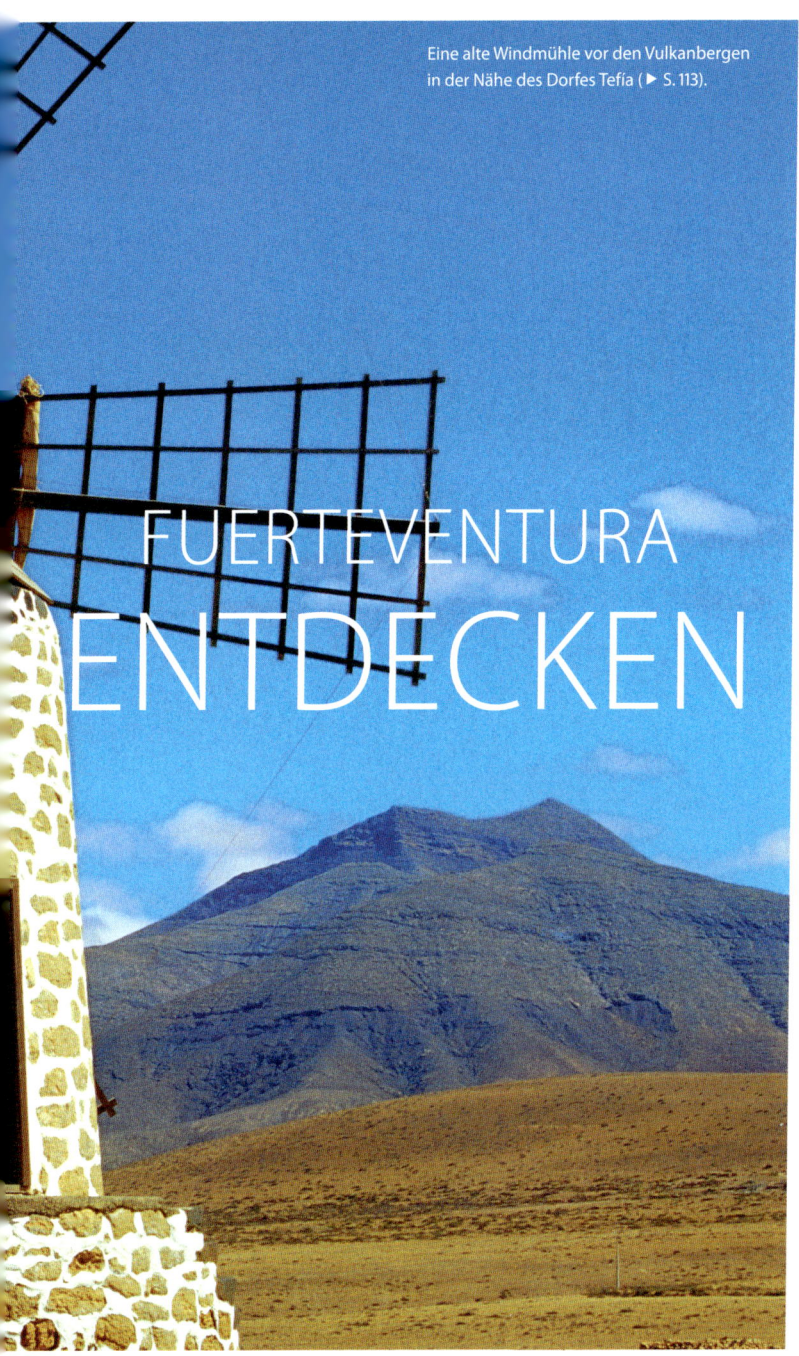

Eine alte Windmühle vor den Vulkanbergen in der Nähe des Dorfes Tefía (▶ S. 113).

FUERTEVENTURA
ENTDECKEN

MEIN FUERTEVENTURA

Fuerteventura ist viel mehr als Sonne und Strand. Zwar finden Wasserratten hier tatsächlich ihr Paradies. Doch ihre stille Schönheit offenbart die Insel vor allem im Landesinneren. Dort warten faszinierende Natur und authentisches Inselleben.

»Nichts außer Strand«, sagte man mir, als ich das erste Mal nach Fuerteventura reisen wollte. »Ödnis im Landesinneren, leergefegte Ebenen und Dörfer wie in Wildwest.« Und hinterher kam der Satz: »Nach drei Tagen, spätestens nach einer Woche, überkommt dich die große Langeweile.« Müde winkten meine Freunde von der Nachbarinsel Gran Canaria ab, als ich von meinem Reiseplan erzählte. Einer stimmte sogar ein altes Spottlied über Fuerteventura an: »Im Ziegenhafen gibt es keine Ziegen, in Oliva keine Oliven und in Antigua nichts Antikes.« Nur allzu gerne hätte ich meinen Trip auf die Insel abgeblasen, aber das Fährticket war schon gekauft und der Mietwagen bereits gebucht. Also fuhr ich dann doch los – freilich ohne große Erwartungen … Ich nahm das Nachtschiff von Gran

◀ Wilde Küste: Ungestüme Wellen treffen
bei La Pared (▶ S. 107) auf karges Land.

Canaria, die Wellen waren hoch und lang, Ausläufer eines großen Tief-
druckgebiets weiter oben im Norden. Gerädert kam ich in aller Herr-
gottsfrühe in Puerto del Rosario, der Hauptstadt von Fuerteventura, an.

WARME FARBEN, WEICHE FORMEN

Heißt es nicht, man mache sich binnen drei Sekunden ein Bild vom Gegenüber? Bei einer Insel wird es nicht anders sein. Vor mir lag also der
»Hafen des Rosenkranzes«, so der Name von Puerto del Rosario über-
setzt: flache weiße Häuser am Ufer aneinandergereiht, mehr Dorf als
Stadt – und noch völlig verschlafen. Dahinter sah ich Hügel in Ocker,
Beige und Gelb, weiche Formen und warme Farben. »Wie die Buckel ei-
nes Kamels«, dachte ich. Die ganze Szenerie war gebadet in strahlendem
Sonnenlicht, der Himmel war weit und blau und ich sagte mir: »Das ist
ein freundlicher Empfang!«
Um es gleich vorwegzunehmen: Der erste Eindruck hat nicht getäuscht.
Nach den ersten drei Sekunden war klar: »Hier werde ich mich wohl
fühlen!« Die schöne Stimmung, die mich damals in Puerto del Rosario
überkam, hat sich immer wieder eingestellt, wenn ich die Insel betrat.
Und das Ungewöhnliche war: Egal wie lange ich blieb, ob Wochen oder
Monate, sie wich nicht von meiner Seite! Denn stets waren da dieses
strahlende Licht, die Weite der Landschaft und die hellen, ruhigen Erd-
farben. Wohin das Auge schaut, sieht es ins endlose Blau des Meeres, das
in das des Himmels übergeht. »Wenn es ein natürliches Anti-Depressi-
vum gibt«, so denke ich manchmal, »dann ist es Fuerteventura!«

DER NATUR ZUGETAN

Und es scheint, als empfänden es die Insulaner ebenso. Sie haben weder
Sinn für Etikette noch für Glamour, alles Aufgehübschte und Zurechtge-
machte ist ihnen ein Gräuel. Sie lassen sich lieber Zeit für die elementaren
Dinge des Lebens: für die Freunde und die Familie, für das gute Essen
und das Trinken, für einen Spaziergang am Meer. Liegt das vielleicht daran, dass die Kräfte der Natur auf Fuerteventura so präsent sind? Alles
erscheint nackt und asketisch auf der Insel, urzeitlich und bar jeder Zier,
fast 2000 Quadratkilometer Leere und Stille. »Eine Oase in der Wüste der
Zivilisation« – so nannte der Schriftsteller Miguel de Unamuno die Insel,
auf die er 1924 verbannt wurde und von der er sich literarisch inspirieren

ließ: »Dieses Skelett aus Erde, felsige Eingeweide, die aus der Tiefe des Meeres emporgestiegen sind; dieses rötliche, vom Durst gepeinigte Gerippe – und doch, welch eine Schönheit!«

EUROPAS SCHÖNSTE STRÄNDE

Auch den Besuchern hat es vor allem Fuerteventuras Natur angetan: Es sind Surfer auf der Suche nach der ultimativen Welle, Urlauber, die sich am Meer erholen wollen, und Aussteiger auf der Suche nach dem südlichen Licht. Was sie alle an »Fuerte« begeistert, sind die weißen, feinsandigen Strände. Die schönsten liegen im Norden bei Corralejo und im Süden auf der Halbinsel Jandía. Sie erstrecken sich kilometerweit entlang der Küste und sind von Wanderdünen umsäumt. Da findet jeder, was er begehrt – egal ob als passionierter Strandläufer, Schwimmer oder Taucher. Baden ist auf Fuerteventura das ganze Jahr über möglich, und es gibt so viele Sonnenstunden wie auf keiner anderen Insel der Kanaren.
Ein Wermutstropfen freilich ist auch hier zu finden. Denn so sehr ich ins Schwärmen gerate über die Inselnatur, so wenig begeistert mich die touristische Küsten-Architektur: Für die Urlauber wurden Hotelanlagen aus dem Boden gestampft, die ebenso gut woanders stehen könnten. Nur selten wurde die Chance genutzt, an die Landschaft angepasste, architektonisch anspruchsvolle Unterkünfte zu entwerfen. Kurz: Retorte überwiegt.

STILLE HARMONIE IM LANDESINNEREN

Ganz anders sieht es im Landesinneren aus. Hier wurde jahrhundertelang mit dem Material gebaut, das sich in der unmittelbaren Umgebung fand: Vulkangestein in den Farben Ocker und Terrakotta, hier und da mit weißem Kalk aufgepeppt. Und so fügen sich die schlichten Natursteinhäuser gut in die asketische Landschaft ein. Weit liegen die Dörfer voneinander entfernt und zwischen ihnen fühlt man sich wie ein Wanderer im Niemandsland: Mit 61 Einwohnern pro Quadratkilometer ist Fuerteventura die am dünnsten besiedelte Insel des Archipels. Wohin man sich im Inselinneren auch aufmacht, kaum ein Mensch wird einem begegnen, dafür eine Menge meckernder Ziegen. Ihre Zahl beläuft sich auf über 75 000 – was bedeutet, dass es auf der Insel fast so viele Ziegen wie Einwohner gibt. Das Landschaftsbild wird aufgelockert durch hoch aufragende Palmen, die überall dort gedeihen, wo es noch ein wenig Grundwasser gibt. So in Vega de Río Palmas, wo Hunderte kanarischer Dattelpalmen eine üppige Oase bilden, oder in Valle de Santa Inés, wo breite Terrassenfelder in die Bergflanken geschlagen wurden. In einem palmenbewachsenen Tal liegt auch Betancuria, die einstige Hauptstadt Fuerteventuras. Mit ihren weiß getünchten Häusern, kopfsteingepflasterten Gassen und kleinen Gärten ist sie der schönste Ort der Insel. Von dort ist es nicht weit zu einem anderen attraktiven Winkel: Am Ufer des kleinen Stausees Presa de las Peñitas, der sich im Winter bildet, wiegen sich Schilf- und Bambusrohr im Wind. Auch in anderen Bergdörfern haben sich die Bewohner in mühseliger Kleinarbeit eine »grüne« Gegenwelt zur kargen Landschaft geschaffen. Aus Baumkronen ertönt hundertfaches Vogelgezwitscher, Palmen spenden den Feldern den dringend benötigten Schatten.

INSELLEBEN ZUM ANFASSEN

Vorbei ist die Zeit, als Fuerteventura nichts weiter bot als Sonne und Strand. In den Boom-Jahren zwischen 1996 und 2008 wurden die Weichen für eine vielseitigere Entwicklung gestellt. So hat man die Insel mit einem Netz von Museen überzogen. Das Bemerkenswerte: Sie sind architektonisch wie thematisch ausschließlich von Fuerteventura inspiriert. Dabei hätte man sich damals spektakuläre Bauten von Star-Architekten und Import-Kunst durchaus leisten können. Doch die Insulaner wollten sich nicht mit fremden Federn schmücken, sondern ausdrücklich das Eigene akzentuieren. Ein charakteristisches Element der Insellandschaft sind Windmühlen, und so entstand in Tiscamanita ein Mühlenmuseum. Fischerei und Salzgewinnung gehörten jahrhundertelang zum Alltag der »majoreros«, der Einwohner Fuerteventuras. Also restaurierte man die Salinen bei Costa Caleta und richtete im Leuchtturm von El Cotillo ein Fischereimuseum ein. Das Dorf Tefía, von allen guten Geistern verlassen, wurde zum attraktiven Open-Air-Museum, in dem bäuerlicher Alltag von anno dazumal »nachgespielt« wird. Eine Vulkanröhre bei Villaverde führt tief in die geologische Vergangenheit. Und im Botanischen Garten des Oasis Park wachsen Wüsten- und Halbwüstenpflanzen in erstaunlicher Vielfalt. Selbst Wanderwege wurden auf der Wüsteninsel angelegt und markiert. Lassen Sie sich von Fuerteventura überraschen!

DIE AUTORIN

Izabella Gawin, Jahrgang 1964, schrieb ihre Doktorarbeit über die Kolonialgeschichte der Kanaren. Doch statt eine akademische Laufbahn einzuschlagen, hat sie das Reisen zum Beruf gemacht. Auf der Internationalen Tourismusbörse in Berlin wurde sie 2011 mit dem ITB Buch Award ausgezeichnet. Die Kanaren haben es ihr so sehr angetan, dass sie dort jeden Winter verbringt.

MERIAN TopTen

Diese Höhepunkte sollten Sie sich bei Ihrem Besuch auf keinen Fall entgehen lassen: Ob die Dünen von Corralejo, Betancuria oder die Felsinsel Lobos – MERIAN präsentiert Ihnen hier die wichtigsten Sehenswürdigkeiten Fuerteventuras.

Playas de Sotavento de Jandía
Sand wie Samt am 25 km langen Strand: Nirgends fühlen sich Strandläufer und Wasserratten, Wind- und Kitesurfer wohler (▶ S. 47, 70, 75, 76).

2 Dünen von Corralejo
Über 24 qkm erstreckt sich das größte Dünengebiet der Kanaren am türkisblauen Meer – Traumkulisse aus weiß flirrendem, fließendem Sand (▶ S. 60).

3 Küste von Ajuy
Ein in weiße Kreidefelsen geschlagener Klippenweg führt zu zwei Riesenhöhlen. Durch ihr »Fenster« schaut man auf eine kleine Hafenbucht (▶ S. 93).

4 Betancuria
Mit der ersten Kathedrale der Kanaren, romantischen Klostermauern und kopfsteingepflasterten Gassen ist dies der schönste Ort der Insel (▶ S. 95, 124).

5 Mirador Morro Velosa
Vom 645 m hohen Aussichtspunkt blickt man auf sanft gewellte Vulkanberge – und bei klarer Sicht auf die Nachbarinseln (▶ S. 98, 124).

6 Faro de Tostón
Der einsame Leuchtturm ist von schwarzen Felsen und einem »Garten« bizarrer Steinmännchen umgeben – mit Blick bis Lanzarote (▶ S. 102).

⭐ Las Salinas del Carmen

In den Salzgärten an der Ostküste Fuerteventuras wird das »weiße Gold« nach jahrtausendealter Tradition geerntet – am besten schmeckt das »Gischtsalz« (▶ S. 110, 118).

⭐8 Tefía

Ein verlassenes Dorf wurde zum Freilichtmuseum: Hier wird die traditionelle Welt der Bauern auf sehr charmante Weise vor dem Vergessen bewahrt (▶ S. 113, 126).

⭐9 Playa de Barlovento

An den legendären Stränden der Südwestküste genießt man noch echte Einsamkeit. Hier werden sogar Schildkröten ausgewildert (▶ S. 46, 129).

⭐10 Felsinsel Lobos

Ein kleines Fährschiff bringt Besucher vormittags auf die »Insel der Seewölfe« und holt sie am Nachmittag wieder ab – Zeit genug, um Muschelstrände und Vulkanöfchen ausführlich kennenzulernen (▶ S. 130).

MERIAN Momente
Das kleine Glück auf Reisen

Oft sind es die kleinen Momente auf einer Reise, die am stärksten in Erinnerung bleiben – Momente, in denen Sie die leisen, feinen Seiten der Insel kennenlernen. Hier geben wir Ihnen Tipps für kleine Auszeiten und neue Einblicke.

1 Strandlauf zum »Roten Berg«
F2

Kaum haben Sie das Ferienzentrum Corralejo (▶ S. 60) hinter sich gelassen, tauchen Sie in eine scheinbar unberührte Naturlandschaft ein. Gehen Sie vom RIU Hotel Tres Islas an den Grandes Playas entlang in südlicher Richtung, so laufen Sie am türkisfarbenen Meeresufer durch blendend weißen Sand – eine fantastische Vorstellung, dass dieser aus zerriebenen Korallen, Muschelschalen und Seeigelpanzern besteht! Schon bald taucht vor Ihnen ein rötlicher Vulkankegel auf: Die Montaña Roja dient Ihnen auf der ganzen Strecke als Wegmarke und die Ausläufer des Berges ziehen sich bis zur Küste herunter. Nach gut drei Kilometern können Sie sich am »Eselsstrand« (Playa del Burro) an einer improvisierten Strandbar stärken – doch verlassen Sie sich nicht darauf und nehmen Sie besser ausreichend Wasser mit! Sie können laufen, so weit Sie Ihre Füße tragen, und haben die Küste in der Regel für sich allein.

Östl. von Corralejo

2 Wieder Kind sein an der Lagune C7

Bei Flut erleben Sie ein wildes Spektakel: Vom Wind getrieben, pesen knallbunte Segel übers Wasser, überschlagen sich in waghalsigen Sprüngen und Pirouetten. Bei Ebbe, wenn sich das Wasser an der Playa Barca (▶ S. 70) so stark zurückzieht, dass nur hier und da kleine Lagunen zurückbleiben, verwandelt sich das Ufer in ein riesiges Watt. Bis zur nächsten Flut in zwölf Stunden haben Sie viel Zeit, es zu erkunden. Laufen Sie barfuß, den Kopf gegen die sengende Sonne bedeckt, und entdecken Sie Schätze im Sand: mal kleine und große Seesterne, mal braune Herz- und weiße Astarte-Muscheln, mal spiralig aufgerollten Schulp (so nennt man das Rückgrat von Tintenfischen) oder Bruchstücke roter und weißer Korallen. Stets werden Sie begleitet von Möwen, Sanderlingen und Seidenreihern, die sich bei ihrer Futtersuche überhaupt nicht aus der Ruhe bringen lassen. Einziger Wermutstropfen: Hin und wieder verirrt sich ein Kitesurfer bei seinem Höhenflug an den idyllischen Strand, wovor auch Schilder warnen.

Playa Barca, 3 km südl. von Costa Calma

3 Riesendüne Risco del Paso C7

Fast berghoch türmen sich die Riesendünen von Risco del Paso. Sind Sie auf ihren Scheitelpunkt geklettert, erleben Sie die Welt aus der Vogelperspektive: Unten der weiße Strand, dahinter das türkisfarbene Meer, das zum Horizont hin immer dunkler wird. Haben Sie sich an diesen Bildern satt gesehen, kommt das körperliche Spektakel: Was gibt es Schöneres, als sich von der Dünenspitze hinabtreiben zu lassen – laufend oder liegend, allein oder zu zweit!

Auf halber Strecke zwischen Costa Calma und Jandía

4 Das Licht von Mafasca erleben D/E 4

Eine Legende erzählt, wie zwei Hirten, hungrig geworden nach langer Wanderung, eine Ziege schlachteten, um sich an ihrem Fleisch zu stärken. Um das Feuer besser lodern zu lassen, warfen sie kurzerhand ein hölzernes Wegkreuz in die Glut. Doch wie erschrocken waren sie, als sich aus dem Rauch ein Geist erhob und ewige Rache schwor. Seit jenem Tag geistert ein seltsames Licht über die weite Ebene von Antigua, und es heißt, man könne es in der

Dämmerung wandern sehen. Die beste Chance, dies zu erleben, bietet sich vom knapp 600 m hohen **Mirador de la Degollada de la Villa**. Hier liegt Ihnen die zentrale Inselebene wie eine ausgebreitete Landkarte zu Füßen. Der Mirador ist leicht zu erkennen: Zwei gigantische Bronzestatuen der letzten Inselherrscher Ayoze und Guize halten Wache.
An der Straße FV-30 von Betancuria nach Antigua, Km 12,2

5 Picknick am Strand von La Pared 🏴 C 6

Der »Strand des Alten Königs« (Playa del Viejo Rey) hat seinen Namen von Ayoze, einem der letzten Herrscher der Ureinwohner, und ist von zersägten, ockerfarbenen Kalksteinklippen eingefasst. Unermüdlich wirft das Meer seine Wellenstaffeln an die Küste und schickt seine Gischtfahnen in die Luft. Dieser Strand ist immer einen Besuch wert, doch am schönsten präsentiert er sich zum Sonnenuntergang, wenn die Bucht in ein weiches rötliches Licht getaucht ist. Breiten Sie Ihre Decke aus und genießen Sie ein Picknick mit Fuerte-Leckereien, bis die letzten Strahlen verloschen sind! Alternativ können Sie im Restaurant Bahía la Pared in der Nachbarbucht speisen und dort den Sonnenuntergang genießen.
Am Südrand von La Pared

6 Leuchtturm im Niemandsland 🏴 E 6

Die völlige Abgeschiedenheit macht diesen Ort perfekt: Von Las Playitas (▶ S. 108) führt eine 7 km lange Asphaltpiste durch wüste, windige Täler. Zuletzt schraubt sie sich einen Klippenberg hinauf, auf dem ein Leuchtturm aus dem Jahr 1920 thront. Mit seiner mosaikartig verkleideten Fassade mutet der **Faro de la Entallada** wie eine verwunschene Festung an. Unglaublich, dass hier keine Menschenseele wohnt! Vom Leuchtturm führt ein durch ein Geländer gesicherter Weg zu einer Plattform, von der Sie die zerklüftete Küste überblicken können. Landeinwärts ragen ineinander verkeilte Bergzüge auf – ein herrlich wilder Anblick! Vom tief unten anstürmenden Meer dröhnt dumpfes Grollen herauf, und immerzu schreien die Möwen. Kurz: Hier sind Sie allein mit sich und den Elementen.
An der Küste östl. von Las Playitas

7 Fuertes Wal-Skelette 🏴 F 5

Der Anblick ist bizarr: An mehreren Stellen auf Fuerteventura stößt man auf riesige Skelette, die in der Luft zu schweben scheinen. So hängt etwa in den Salinas del Carmen (▶ S. 110) das 5000 Kilogramm schwere Skelett eines Finnwals, der im Jahr 2000 im Norden der Insel gestrandet ist. Etwas kleiner sind die »Gerüste« eines Pottwals an der Playa del Pozo in Puerto del Rosario (▶ S. 86) und eines Schnabelwals am Leuchtturm in Jandía (▶ S. 76).

Sogar auf der kleinen Insel Lobos (▸ S. 130) stößt man auf ein Skelett. Es gehört einem Grindwal und schmückt das Besucherzentrum. Übrigens: Die Skelette dieser Tiere, die alle auf unnatürliche Weise starben, sollen daran erinnern, dass der Mensch das Gleichgewicht der Meere bedroht.

3 km südl. von Costa Caleta

8 Zur »Höhlenjungfrau« ◢◤ D 4

Eine winzige Einsiedelei in einer ausgewaschenen Schlucht wurde vor über 600 Jahren von den Konquistadoren errichtet – ein herrlich wilder Flecken! Fahren Sie vom Kirchplatz in Vega de Río Palmas (▸ S. 114) auf der FV-30 südwärts und biegen sogleich rechts in ein Sträßlein ein, gelangen Sie nach 1,2 km zu einer Brücke. Ab hier geht es nur noch zu Fuß weiter: Mit dem Wegweiser »SL-FV 6 Vega de Río Palmas – Ajuy« laufen Sie durch ein Palmental und kommen zu einem kleinen Stausee, wo Sie ein steingepflasterter Weg aufnimmt. Dieser führt längs der rechten Seite der Schlucht zur Ermita de la Peña, wo Sie sich im Pilger-Gästebuch verewigen können (Wanderweg hin und zurück 1 Std.).

2 km südwestl. von Vega de Río Palmas

9 Besuch bei Atlashörnchen ◢◤ D 5

Wenn Sie auf der FV-30 zwischen Vega de Río Palmas und Pájara unterwegs sind, lohnt ein Stopp am Aussichtspunkt Mirador de Las Peñitas: Von knapp 340 m Höhe schauen Sie auf zerklüftete rötliche Berge, zwischen den Flanken breitet sich ein grüner Flecken voller Palmen, Weiden und Tamarisken aus. Nach Winterregen füllt sich das Tal mit Wasser und bildet einen Stausee. Nicht selten kommt es vor, dass sich Atlashörnchen auf der Aussichtsplattform tummeln und sich über Nüsse freuen. Schilder ermahnen Besucher, diese »Eindringlinge« nicht zu füttern, weil sie nicht einheimisch sind, sondern aus Afrika eingeschleppt wurden. Doch wer kann den possierlichen Tieren widerstehen?

Zwischen Vega de Río Palmas und Pájara

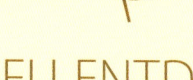

NEU ENTDECKT
Worüber man spricht

*Fuerteventura befindet sich stetig im Wandel,
Sehenswürdigkeiten werden eingeweiht, Attraktionen eröffnen,
die Insel verändert ihr Gesicht, durch neue Museen, Restaurants
und Geschäfte erlangen ganze Landstriche neue Attraktivität.
Hier erfahren Sie alles über die jüngsten Entwicklungen – damit
Sie keinen dieser aktuell angesagten Orte verpassen.*

◄ »Monument der Leere«: Der Berg Tindaya
(► S. 113) erhebt sich im Norden der Insel.

SEHENSWERTES

Casa Alta, Tindaya  E 3

Der baskische Bildhauer Eduardo Chillida (1924–2012) wollte den heiligen Berg Tindaya in ein Monument der Leere verwandeln. Sein durchaus umstrittenes Projekt wird zwar vorerst nicht realisiert, aber trotzdem kann man es kennenlernen: Am Fuß des Berges wurde ein historisches Anwesen restauriert, in dem Schautafeln, Modelle und 3-D-Animationen begreifbar machen, wie sich Chillida einen ausgehöhlten Berg vorstellte.

Centro de Interpretación Montaña Alta: Tindaya | Eröffnung voraussichtlich Herbst 2014

Römische Purpur-Manufaktur auf der Insel Lobos F 1

2012 wurde auf der kleinen Insel Lobos (► S. 130) ein sensationeller Fund gemacht: An der Küste entdeckten Archäologen die Fundamente einer 18 x 6 m großen römischen »Manufaktur«, in der vom 1. Jh. v. Chr. bis zum 1. Jh. n. Chr. Purpurschnecken »geerntet« wurden. Aus ihnen gewann man Purpur, eine Farbe, die damals sehr begehrt war. So teuer war der Purpur, dass ihn sich nur die Reichsten leisten konnten. Auf Lobos wurden die Schalen von ca. 70 000 Tieren geborgen, dazu Keramikstücke von Töpfen, Tassen und anderen Gefäßen, Eisen- und Bronzefragmente sowie Knochen von Schafen und Ziegen. Sensationell ist der Fund deshalb, weil zum ersten Mal belegt werden kann, dass römische Seeleute die Kanaren anliefen. Was langge vermutet worden war, kann nun bewiesen werden: Die Beschreibung der »Glücklichen Inseln« in antiken Texten geht auf die reale Kennntnis des Kanarischen Archipels zurück. Und vielleicht waren es just jene römischen Purpur-Produzenten, die afrikanische Berber als erste Bewohner auf den »Glücklichen Inseln« ansiedelten? Bis 2016 sollen die archäologischen Ausgrabungen andauern, um Licht ins Dunkel der Vergangenheit zu bringen. Dann wird der Fundort öffentlich zugänglich gemacht.

MUSEEN UND GALERIEN

Museo del Queso E 4

Fuerteventuras traditionelle Molkereiwirtschaft (► S. 30) wird im neu eingeweihten Käsemuseum von Antigua veranschaulicht. Hier erfahren Besucher, welche Ziegenarten es auf der Insel gibt, warum die Qualität der Fuerte-Milch so besonders ist und wie die

diversen Käsesorten hergestellt werden. Und auch die Erfolgsgeschichte des Fuerte-Käses wird beleuchtet: Neuerdings wird er in den Gourmet-Shops der USA als Delikatesse angeboten.

Antigua | Molino de Antigua | Di–Sa 10–18 Uhr | Eintritt 2 €

ESSEN UND TRINKEN

Me gusta Fuerteventura

Viel wird getan, um Fuerteventuras Bauern zu unterstützen. So hat die Inselregierung die Marke »Productos de Fuerteventura« kreiert, unter der Viehzüchter, Gemüse- und Olivenbauern sowie Weinproduzenten ihre Ware vermarkten können. In Puerto del Rosario betreibt die Inselregierung sogar einen Laden namens Productos de Fuerteventura (▶ S. 40). Gleichzeitig werden Restaurants gefördert, die einheimische Zutaten verwenden. Sie dürfen sich mit dem Label »Me gusta Fuerteventura« (Fuerteventura gefällt mir) schmücken. Schon jetzt gibt es mehrere solche Restaurants etwa das Mahoh und die Casa Marcos in Villaverde.

– Mahoh: Villaverde | Sitio de Juan Bello, Ctra. FV-101, Km 2,8 | Tel. 928 86 80 50 | www.mahoh.com | €€   F2

– Casa Marcos: Villaverde | Carretera General 94, Ctra. FV-101, Km 4,6 | Tel. 928 86 82 85 | Mo–Sa ab 12.30 Uhr | €€   F2

Neue Produkte aus Ziegenmilch

Aus der Milch der einheimischen Ziege entsteht Käse von herbem, leicht pikantem Geschmack. Durch Preise geadelt und in die oberste Gourmet-Liga Spaniens aufgestiegen, machen sich nun die Ziegenbauern daran, aus der Milch noch andere Produkte herzustellen. Die Quesería Tetír stellt »majodelfa« und »majogrote« her, das erste ein Streichkäse und das zweite mit Knoblauch und Olivenöl pikant eingelegter Hartkäse. Auch Rahm, Joghurt und Eis werden aus Ziegenmilch hergestellt. Die Ganadería La Cabrera wiederum destilliert aus Ziegenmilch, Zimt und Nelken den Likör Amalteum und produziert Bonbons aus Ziegenmilch: Sie heißen »gominolas« und werden mit wenig Zucker ohne Konservierungsstoffe hergestellt.

EINKAUFEN

Granja Agrícola y Experimental de Pozo Negro   F5

Nirgends auf der Welt wachsen mehr Olivenbäume als in Spanien – viel Sonne und ein milder Winter machen's möglich. Olivenbäume mit ihren immergrünen Blättern, so hofft man, werden künftig auch Fuerteventuras Hänge beleben. Mit ihren langen Wurzeln hätten sie gute Chancen, dem starken Wind zu trotzen. Und auch wenn der Olivenbaum erst nach sieben Jahren zum ersten Mal Früchte trägt, ist er doch eine gute Investition in die Zukunft. Also hat die Inselregierung vor ein paar Jahren damit begonnen, Olivenbäume an Bauern zu verschenken. Auf der Granja Agrícola y Experimental de Pozo Negro hat sie eine Ölmühle eingerichtet. Hier werden pro Jahr 25 000 kg Oliven zu 3000–4000 l kalt gepresstem Olivenöl bester Qualität gepresst: »Aceite Virgen de Fuerteventura«. Außer in der Mühle selbst bekommen Sie das Olivenöl auf den Bauernmärkten der Insel sowie in gut sortierten Lebensmittelläden.

Pozo Negro | Mo–Fr 7.30–13 Uhr

KULTUR UND UNTERHALTUNG

Exodus: Biblisches Szenario

Der Film »Exodus« des Regisseurs Ridley Scott, der sich mit »Bladerunner« und »Thelma & Louise« in die Kinogeschichte eingeschrieben hat, wurde 2014 größtenteils auf Fuerteventura gedreht. Es steht zu erwarten, dass auch »Exodus« ein Renner wird, der Fuerteventuras Landschaften in der ganzen Welt bekannt macht. Erzählt wird die Geschichte von Moses, der das Volk der Israeliten aus ägyptischer Sklaverei ins Gelobte Land führt. Der Auszug beginnt im pechschwarzen Lavastrom des Malpaís Grande. Die in die Lava eingelassenen Rundbauten der Ureinwohner, als archäolgische Fundstätte La Atalayita (▶ S. 110) geschützt, dienen als Moses' Heimat. An den einsamen Stränden von Cofete (▶ S. 99) werden die flüchtigen israelitischen Sklaven von den Soldaten des Pharao gejagt. Sie fliehen über die Berge ins Gran Valle und zur Punta de Jandía (▶ S. 110) an der Inselsüdspitze. Auch auf Fuerteventura wird für Moses und die Seinen das Meer geteilt: Bei Ebbe, wenn die Lagunen von El Cotillo (▶ S. 100) zurückweichen, gehen die Flüchtlinge mit ihren Kamelen, Ziegen und Schafen trockenen Fußes »übers Wasser«.

Zuletzt queren sie die Dünen von Corralejo (▶ S. 60), im Film die Wüste Sinai, wo Moses von Gott die Zehn Gebote empfängt. Der Film kommt Weihnachten 2014 ins Kino, die Drehorte können Sie besuchen.

FESTE

Rainbow Fuerteventura   F1

Auch auf Fuerteventura wird die zahlungskräftige LGBT-Klientel umworben. Das Kürzel steht für »Lesbian-Gay-Bi- & Transsexuelle«. Einmal im Jahr, meist Ende November/Anfang Dezember, werden sie mit einer großen Fiesta angelockt, die auch fürs breite Publikum interessant ist: Auf eine schrille Parade durch die Straßen von Corralejo folgen Konzerte und Drag-Queen-Auftritte, Openair-Bodypainting und weitere Happenings.
Corralejo

🚩 Weitere Neuentdeckungen sind durch dieses Symbol gekennzeichnet.

Frucht der Zukunft: Die Regierung fördert den Olivenanbau auf Fuerteventura und betreibt eine Ölmühle auf der Granja Agrícola y Experimental de Pozo Negro (▶ S. 18).

Ferienfarben: Das große Drachenfest steigt in den Dünen von Corralejo (▶ S. 49).

FUERTEVENTURA
ERLEBEN

ÜBERNACHTEN

Große Clubs entlang der Küste versprechen einen abwechslungs-reichen Aufenthalt, Komforthotels am Strand bieten Urlaub mit Stil, und auch im Landesinneren tut sich etwas: »Turismo rural« lautet das Zauberwort – ländlicher Tourismus.

Der touristische Boom hat der Insel Fuerteventura in kurzer Zeit Hotels und Apartmenthäuser mit über 80 000 Betten beschert: elegante Prunk-bauten wie das Atlantis Bahía Real (▸ S. 60), das einzige Fünf-Sterne-Ho-tel der Insel, oft aber leider auch einfallslose Serienarchitektur. Die meis-ten Betten befinden sich in Großhotels; kleine, persönlich geführte Häuser sind die Ausnahme.

ROBINSON UND CO.

Der allererste Robinson Club (▸ S. 78) entstand auf Jandía – kein Wunder: Auf der Halbinsel herrscht immer gutes Wetter, hier hat man viel Platz und kann etliche Wassersportarten ausüben. Auf Robinson folgten die Nachahmer. Nirgendwo sonst auf den Kanaren gibt es so viele **Clubs** wie auf Fuerteventura, und fast alle befinden sich auf der deutsch dominier-

◄ Urlauben wie Gott in Spanien: An eine Kirche
erinnert das R2 Hotel Río Calma (▶ S. 25).

ten Halbinsel Jandía. Wer hier seine Ferien verbringt, legt Wert auf ein kommunikatives Ambiente, möchte ein großes Angebot an Sport und Unterhaltung, aber auch an Workshops künstlerischer Art. Oft sind Aktivitäten wie Wassergymnastik und Aerobic, Basket- und Volleyball, Tauchen und Surfen im Pauschalpreis inbegriffen. »All-inclusive« gilt auch für das Essen: Von morgens bis abends werden die Gäste mit Speisen und Getränken versorgt, wobei die Qualität der Küche von Club zu Club sehr unterschiedlich ist. Außer Robinson gibt es auf Fuerteventura Aldiana (▶ S. 75) und Magic Life (▶ S. 75) und mit dem Playitas Grand Resort (▶ S. 108) das größte Sporthotel der Kanaren.

RUHE IM HOTEL

Während Clubs und All-inclusive-Anlagen vor allem Familien ansprechen, haben sich andere Hotels auf kinderlose Reisende spezialisiert. Sie wenden sich an berufstätige Erwachsene, die im Urlaub vor allem eines suchen: Ruhe und Entspannung. Alles, was diesem Wunsch zuwiderläuft, ist in diesen Häusern tabu: nicht nur spielende Kinder, sondern auch lautstarke Animation. Unter der Marke »Best Age« bietet die Cordial-Kette ein solches Hotel in Costa Calma (▶ S. 72). »Adults Only« heißt der entsprechende Titel des Design Romantic Hotels in Tarajalejo (▶ S. 112).

»TURISMO RURAL«

Ferien auf dem Land (»turismo rural«) schienen für Fuerteventura lange Zeit ein Ding der Unmöglichkeit. Denn kamen die Besucher nicht ausdrücklich zum Baden auf die Insel? Strände ohne Ende und türkisfarbenes Wasser – das war es doch, was Fuerteventura vor den übrigen Kanaren auszeichnete. Mittlerweile aber haben sich die Bedürfnisse der Urlauber geändert. Viele möchten weg von den Ferienzentren mit ihren Großhotels. Immer mehr Gäste suchen eine Unterkunft, die bereits durch ihre Architektur Inseltradition vermittelt. Das Haus soll in einem Dorf stehen, in dem Einheimische den Ton angeben und wo man in lokales Ambiente eintauchen kann. Dafür nehmen viele Besucher auch in Kauf, mit dem Mietwagen längere Strecken zum Strand zurückzulegen. Kleine Landhotels gibt es in Villaverde, Lajares und Betancuria, in Antigua und Pájara. Landhäuser sind über die ganze Insel verstreut, buchen kann man sie beispielsweise über www.toprural.com.

Internetportale wie Booking.com, Tripadvisor.de, Trivago.de oder Holidaycheck.de sammeln Infos von Gästen für Gäste und helfen bei der Entscheidung, wo man seinen nächsten Urlaub verbringen will. Viele Bewertungen mögen bestellt oder frisiert sein, doch es finden sich auch unabhängige Kommentare von Reisenden, die ihre positiven und vielleicht auch negativen Erfahrungen weitergeben. Es lohnt auch, die Preisangebote der Reiseveranstalter und Internetagenturen zu vergleichen, denn nur selten sind die Preise, die vor Ort zu zahlen sind, niedriger.

AUF NUMMER SICHER: VORAUSBUCHUNG

Von Dezember bis April, insbesondere während der Weihnachts- und Osterferien, ist es schwierig, auf den Kanaren – also auch auf Fuerteventura – spontan ein freies Hotelzimmer zu finden. Wer seinen Urlaub in einem ganz bestimmten, pauschal nicht angebotenen Haus verbringen oder sich zumindest für die erste Nacht ein Dach über dem Kopf sichern möchte, reserviert die gewünschte Unterkunft besser bereits im Voraus.

BESONDERE EMPFEHLUNGEN

Coronado ♟ ▸ S. 77, östl. c 4

Großzügig mit Traumblick – Die kleine Anlage thront auf einem Felsplateau 30 m über dem Dünenstrand nahe dem Fischerdorf Morro Jable. Wenige Schritte nur und man ist am Paradestrand, kaum weiter ist es zur stimmungsvollen Promenade. Obwohl mitten im Ferien-Resort gelegen, fühlt man sich hier absolut fern der Tourismuswelten! Subtil wird im Hintergrund für alles gesorgt, ohne dass der Gast vom Personal behelligt wird. Die bis zu 120 qm großen, tipptopp gepflegten Suiten und Apartments bieten viel Platz, Ruhe total und unverstellten Meerblick – wer ihn schon im Voraus genießen will, schaut in die Webcam! Auch das zugehörige Restaurant am Pool lohnt einen Besuch.
Morro Jable | Calle El Sol 14 | Tel. 928 54 11 74 | in Deutschland buchbar über Solitour, Tel. 08 00-76 54 86 87 | www.solitour.com | 20 Wohneinheiten | €€€–€€€€

Marina Playa ⚓ B 8

Familiär – Seit vielen Jahren setzt Familie Duffner auf Perfektion, und dies nun schon in dritter Generation! Fast alle Apartments eröffnen einen weiten Meerblick und über einen kurzen Klippenweg geht es zum Strand von Esquinzo hinab. Das Frühstück vom Büfett wird unter einer verglasten runden Holzpergola oder auf der Terrasse eingenommen. Unter einem Pavillondach befindet sich auch das Meerwasser-Hallenbad, das mit dem Außenpool verbunden ist. Ein Pluspunkt ist auch die über der Küste schwebende »Vital-Oase«.
Esquinzo | Calle Volcán del Vayoyo s/n | Tel. 928 54 40 52 | www.montemarinaplaya.com | 60 Apartments | €€

R2 Río Calma

▶ S. 71, nordöstl. c1

Feudal – Mit seinem kirchenähnlichen Hauptbau prägt das Vier-Sterne-Plus-Hotel die Silhouette des Ferienorts Costa Calma. Die Randlage hat den Vorteil, dass hier so großzügig mit Raum umgegangen werden konnte wie selten auf den Kanaren. Das merkt man nach dem Eintreten in den »Tempel« mit den gigantischen Fenstern und einer Lichtkuppel. Vom Haupthaus senkt sich ein üppig bepflanzter Garten über mehrere Etagen zur Küste hinab, wobei Natursteinwege, Wasserspiele und palazzoähnliche Gebäude den Eindruck eines gewachsenen Orts vermitteln. Ganz unten rauscht ein gigantischer Wasserfall in eine Meerwasser-Lagune, die so gestaltet wurde, dass sie wie ein Stück Natur wirkt. Von hier führt ein Küstenweg in ca. zehn Gehminuten, vorbei an alten Kalköfen, zum Einheimischenstrand Matas Blancas. An bewölkten Tagen geht man ins römische Spa mit Indoor-Pool, Saunen und Erlebnisduschen. Außerdem gibt es Kunstrasen-Tennisplätze, Squash- und Paddle-Tennis-Courts sowie eine 36-Loch-Minigolfanlage. Selbst eine Orangerie, ein traditionelles Treibhaus mit Exoten, fehlt nicht. Und abends greift im Foyer ein Pianist in die Tasten, spielt Blues und Jazz.

Costa Calma | Calle Artistas Canarios 8 | Tel. 902 40 03 60 | www.r2hotels.com | 384 Zimmer | €€€

Weitere empfehlenswerte Adressen finden Sie im Kapitel **FUERTEVENTURA ERKUNDEN**.

Preise für ein Doppelzimmer mit Frühstück:

€€€€	ab 120 €	€€€	ab 80 €
€€	ab 40 €	€	bis 40 €

Als wär's ein Teil der Erde: Das Hotel Risco del Gato (▶ S. 35) fügt sich in Form und Farben sanft in die Inselwelt ein. Und auch der Betrieb nimmt Rücksicht auf die Natur.

ESSEN UND TRINKEN

Fisch und Meeresfrüchte, Ziege und Wildkaninchen, die traditionelle Getreidespeise »gofio«, Runzelkartoffeln mit »Mojo«-Saucen und Ziegenkäse bestimmen den Speiseplan auf Fuerteventura. Daraus zaubern die Köche einfache, aber schmackhafte Gerichte.

Eigentlich logisch: Im Landesinneren kommt vor allem Fleisch auf den Tisch, an der Küste Fisch. Der Atlantik zwischen den Kanaren und der afrikanischen Küste gilt als besonders fischreich. In Küstenorten wie Corralejo und El Cotillo, Gran Tarajal und Morro Jable starten frühmorgens die Fischer, um ihre Netze auszuwerfen. Wenn sie zurückkommen, haben sie wahre Schätze an Bord. Rasch ist der Fisch gewogen und verladen, schon wenig später unterm Messer des Kochs. Verbreitet ist der **Papageifisch**, in seiner weiblichen Variante knallrot, den auf den Kanaren jeder nur als »La Vieja« (die Alte) kennt. Das weiße Fleisch ist extrem fettarm, dafür reich an Proteinen und Mineralien. Beliebt sind auch **Zacken-** und **Ziegenbarsch** (»cherne«), **Seehecht** (»merluza«) und **Thunfisch** (»atún«). Meist isst man Fisch »a la plancha«: auf der heißen Metallplatte gebraten und nur wenig gewürzt. So kann sich der Eigengeschmack am besten ent-

◄ Gegrillte Dorade schmeckt köstlich mit
typisch kanarischen Runzelkartoffeln (► S. 27).

falten. Aus der Familie der **Tintenfische** sind die »calamares« am begehrtesten. Kleiner sind die »chocos«, die unzerteilt und meist auch unpaniert gegrillt werden, sowie die winzigen, dünnhäutigen »chipirones«. In Bars können Sie oft den mit Zwiebeln in Essig eingelegten »pulpo« probieren. Selten geworden sind die »**patas de cabra**«: Von den Klippen der Westküste werden die »Ziegenfüße« abgeschabt, dabei handelt es sich um Muscheln mit erstaunlich festem Fleisch.

Viel Spaß machen übrigens die Strandbars. Hier können Sie sich bei frischer Seebrise Klassiker der spanischen Küche schmecken lassen. Wie wäre es mit »**gambas al ajillo**«, Krabben in pikanter Knoblauchsauce, serviert in einer glühend heißen Tonschale?

SPEZIALITÄTEN VOM LANDE

»Die Inselbewohner leben von ›gofio‹, Kartoffeln und Trockenfisch.« Dies schrieb der spanische Schriftsteller Miguel de Unamuno in den 1920er-Jahren. Zwar hat sich die Speisepalette seitdem enorm erweitert, doch noch immer bilden diese drei Zutaten das Rückgrat der kanarischen Küche. »**Gofio**«, das Grundnahrungsmittel schlechthin, ist geröstetes Mehl aus Weizen und Mais, für sich genommen ein »Arme-Leute-Essen«, fade und geschmacklos. Erst die Verknüpfung mit anderen Speisen macht ihn interessant, denn »gofio« nimmt ihren Geschmack an und intensiviert ihn sogar. Darum wird die traditionelle Getreidezubereitung, deren Wurzeln bis in die vorspanische Zeit zurückreichen, zu Suppe und Eintopf gegessen, als Beilage zu Fisch und Fleisch gereicht oder in Wein, Kaffee und Tee gestreut.

Wie »gofio« ist auch »**mojo**« von der kanarischen Speisekarte nicht wegzudenken. Dabei handelt es sich um eine Sauce, die es in zwei Varianten gibt: Aus zerstampften roten Chilischoten, die mit Knoblauch, Essig und Öl angerührt sind, wird »mojo rojo« gewonnen, aufgrund seiner Schärfe auch »mojo picón« (beißender »mojo«) genannt. Der mildere »mojo verde« enthält frischen Koriander, der ihm seine charakteristische grüne Farbe verleiht. Ob rot oder grün – die pikante Sauce gehört zu jedem richtigen kanarischen Gericht. Köstlich schmeckt sie vor allem zu »papas arrugadas«, kleinen Runzelkartoffeln, die mitsamt der Schale in hochprozentigem Salzwasser gekocht wurden und von einem Mantel aus weißen Salzkristallen umhüllt sind.

Tausende von Ziegen weiden auf den Hängen Fuerteventuras, ernähren sich von Trockengras und Tamarisken. Ihr zartes **Fleisch** ist eine Delikatesse und steht in vielen Restaurants auf der Karte – vor allem im Januar und Februar, wenn die Jungtiere (»cabritos«) geschlachtet werden. Auf den Tisch kommt das Fleisch in einer Kräutermarinade (»en adobo«), im Ofen gebacken (»al horno«) oder in der Pfanne gebraten (»asado«).

KÄSE ALS AUFTAKT

Bei uns sagt man: »Käse schließt den Magen.« Auf Fuerteventura aber bildet oft ein Teller mit dünn aufgeschnittenem frischen **Ziegenkäse** den Auftakt zu einem opulenten Mahl. Der Käse wird auf stets gleiche Art hergestellt: Ziegenmilch wird mit Lab aus dem Magen eines Jungtieres verrührt, bis sie gerinnt. Dann wird die Molke abgeschöpft und die festere, quarkähnliche Masse in eine runde Form gepresst. Als Untersatz dient ein Holzbrett, dessen Rillen sich auf dem Laib als schmückendes Ornament abzeichnen. Zuletzt wird der Käse noch einmal kräftig mit Salz eingerieben, und schon ist er fertig: Das Ergebnis nennt sich »queso fresco«, ein weißer, wirklich schmackhafter Frischkäse. Je länger er reift, desto fester und würziger wird er. Nach mehreren Tagen Lagerzeit ist er »tierno« (zart) und nach zwei Monaten »semicurado« (halbreif). Ein »curado« (reif) hat mindestens sechs Monate auf dem Buckel, er ist scharf im Geschmack und sehr fest. Dem Käse Fuerteventuras wird eine hervorragende Qualität bescheinigt. Als erster Ziegenkäse Spaniens durfte er sich mit dem staatlichen Gütesiegel »Denominación de orígen« schmücken.

Das **Mittagessen** (»almuerzo«) findet auf den Kanaren zwischen 13 und 16 Uhr, das **Abendessen** (»cena«) zwischen 20 und 23 Uhr statt. In Touristenorten wurden die Öffnungszeiten den Bedürfnissen der Touristen angepasst, das Abendessen wird dort ab 19 Uhr serviert, im Hotel manchmal früher. Für den Hunger zwischendurch empfehlen sich »tapas«: kleine Portionen von Fisch, Fleisch und Salat, die man an der Bar auswählt.

BESONDERE EMPFEHLUNGEN

Casa Santa María 🚩 D 4

Stilvoll – In der dunklen Bar baumeln Schinkenkeulen von der Decke, in der Bodega gibt es zu ausgefallenen Tapas Wein vom Fass und danach einen Obstschnaps. Im Restaurant nebenan wird gehobene spanisch-kanarische Küche serviert, viel gelobt wird das Zicklein! Die Natursteinwände, von denen sich die farbintensiven Gemälde abheben, bilden einen gemütlichen Rahmen. Und auch in den grünen Innenhöfen sitzt man ganz herrlich.

Betancuria | Casa Santa María | Tel. 928 87 82 82 | tgl. 11–18 Uhr | €€€/€

Dovela ▶ Klappe hinten, c 4

Chillig & entspannt – Im Promenadenlokal, das zwischen den beiden Ortsstränden von Corralejo liegt, sitzen Sie mit schönem Blick auf die Felsinsel Lobos und schauen zu, wie José appetitliche Tapas serviert. Abends wechselt er – bei Kerzenschein und gestärktem Tischleinen – zur feinen Küche. Man darf sich auf einen kanarisch-spanischen Mix freuen, also auf frischen Fisch, gutes Fleisch und originelle Saucen.
Corralejo | Paseo Marítimo 42 | Tel. 928 53 72 97 | tgl. ab 11 Uhr | €€

Marabú ⚑ B 8

Fantasievoll – Während zahlreiche Lokale aufgrund der All-inclusive-Konkurrenz schließen müssen, können sich Ralf und Eloisa über mangelnde Kundschaft nicht beklagen. Das Erfolgsrezept: frische Zutaten, zubereitet mit Pfiff, dazu gehobenes Landhaus-Ambiente und eine große schattige Gartenterrasse, auf der sich das Mahl besonders genießen lässt. Zu den abgewandelten kanarischen Klassikern zählen Brunnenkressesuppe mit Räucherlachs, frittierte Riesengarnelen mit Kürbis-Chutney sowie Lammspieß auf Ratatouille.
Esquinzo | Fuente de Hija 2 | Tel. 928 54 40 98 | www.e-marabu.com | tgl. außer So ab 13.30, warme Küche bis 23 Uhr | €€€

Weitere empfehlenswerte Adressen finden Sie im Kapitel FUERTEVENTURA ERKUNDEN.

Preise für ein dreigängiges Menü:

€€€€	ab 35 €	€€€	ab 25 €
€€	ab 15 €	€	bis 15 €

Die Bar als Startplatz für Gaumenfreuden: Nach einem Cocktail geht's im Restaurant Casa Santa María (▶ S. 28) direkt weiter zu Tisch. Spezialität des Hauses ist Zicklein.

Im Fokus
Von Ziegen und Hirten

Noch bevor die Menschen sesshaft wurden, zogen sie mit ihren Tieren übers Land. Ob die Tuareg mit Kamelen oder die Lappen mit Rentieren: Überall wurde Viehzucht betrieben. Auf Fuerteventura war es die Ziege, die den Einwohnern das Überleben gesichert hat.

Die ersten Bewohner brachten Ziegen von Nordwestafrika auf die Kanarischen Inseln. Sie hätten keine besseren Tiere finden können. Denn Ziegen sind an trockenes Klima, wie es auch auf Fuerteventura herrscht, optimal angepasst. Sie sind äußerst genügsam und kommen mehrere Tage ohne Wasser aus. Sie fressen sogar salzliebende Pflanzen und spüren noch im entlegensten Winkel Nahrung auf. Den Insulanern gaben die Tiere von Anfang an alles, was die Menschen brauchten: Milch zur Herstellung von Käse, dazu Fleisch und Fett. Aus der zotteligen Wolle stellten die Ureinwohner Kleidungsstücke und wärmende Decken her. Und selbst noch die Knochen der Tiere haben sie verwertet und aus ihnen Angelhaken und Speerspitzen, Schmuck und Musikinstrumente geschaffen.
Als die europäischen Eroberer 1402 auf die Insel kamen, stellten sie voller Erstaunen fest: »Das Land ist voller Ziegen« und kalkulierten sogleich: »Jedes Jahr wird man von heute an etwa 30 000 Ziegen nehmen können.« Vieles spricht dafür, dass die Ureinwohner nach der Eroberung von

◀ Ziegen fühlen sich auch in den ganz kargen
Gegenden Fuerteventuras pudelwohl.

ihren neuen europäischen Herren angewiesen wurden, mit den Herden übers Land zu ziehen. Abseits der spanisch geprägten Orte, in der Weite und Einsamkeit der Berge, konnten sich ihre Sprache und Bräuche lange erhalten. So erstaunt es nicht, dass viele Worte der altkanarisch-berberischen, längst ausgestorbenen Sprache im Bereich der Ziegenhaltung bis heute lebendig geblieben sind, so etwa »baifo« (männliches Zicklein) und »puipana« (helle Ziege), »ganado guanil« (vagabundierendes Tier) und »zurrón« (mit Proviant gefüllter Ledersack).

VON DER KÜSTE IN DIE BERGE

Bis zum heutigen Tag ziehen die Hirten mit ihren Herden über die Insel. Im Winter lassen sie die Ziegen bevorzugt an der warmen Küste weiden, im Sommer gehen sie in die Berge, wo im ewigen Schatten von Felswänden etwas Grün überdauert hat. Was an natürlicher Nahrung fehlt, wird mit importiertem Mais, Soja und Weizen ergänzt. Einige Hirten lassen ihre Tiere nie aus den Augen und schlafen während der Wanderschaft in improvisierten Steinhäusern. Andere ziehen es vor, den Ziegen mit dem Jeep zu folgen. Haben sie ihre Tiere gemolken, fahren sie mit der Milch nach Hause, um erst am nächsten Tag wiederzukommen. Doch egal wie es die Hirten halten: Ihr Leben kreist um die Tiere, das Melken, Weiden und Einsammeln, das Sichten, Scheren und Schlachten.

PACO KENNT JEDES TIER PERSÖNLICH

»Ich bin Sklave meiner Tiere«, sagt Paco, der seinen Ziegen auf Schritt und Tritt folgt. Wenn die Wanderung beginnt, bindet der Hirte seinen Tieren Glockenkollare um. »Je älter das Tier, desto größer die Glocke«, erklärt er. »Dann weiß ich selbst aus der Ferne, ob es sich um ein unerfahrenes Jungtier oder um einen Veteranen handelt, ob ich den Hund losschicken muss, um es zurückzuholen, oder nicht.« Paco hat die erstaunliche Beobachtung gemacht, dass selbst Zicklein ihre Mutter am Klang der Glocke erkennen. »Das Jungtier folgt dem vertrauten Gebimmel«, sagt er. »Hänge ich die Glocke einer anderen Ziege um, so wird das Zicklein dieser folgen.« Doch der Hirte verlässt sich nicht nur auf den Glockenklang. »Jedes meiner Tiere hört auf einen Namen«, behauptet er und zählt auf: »Blanquita, Negruna, Aceituna …« (die Weiße, Schwarze, Olivfarbene …). Zur Bestätigung ruft er »Morenita, komm her!« Woraufhin die

»Bräunliche« prompt angelaufen kommt. Dass er sich mit seinen 100 Tieren nicht vertut, erklärt er mit dem innigen Verhältnis, das er zu ihnen hat: »Ich melke sie jeden Morgen – da weiß man, wen man vor sich hat.« Gemolken werden die Tiere viele Jahre lang, immerhin werden Ziegen zehn, manchmal sogar 16 Jahre alt. Eine Auszeit hat der Melker im Frühjahr, wenn die durch reiche Winternahrung fett gewordenen Weibchen gedeckt werden. Danach sind sie so »trocken«, dass sie nur alle zwei Wochen Milch geben. Und auch später kann sich der Melker ausruhen. Denn dann ist das frisch geborene Zicklein an der Reihe, die Muttermilch abzuschöpfen. Hochsaison des Melkens sind Herbst und Winter, wenn sich die Hänge nach etwas Regen überall mit einem grünen Flaum überziehen und die Ziegen etwas mehr Futter finden. Dann geben sie besonders viel Milch, die lau aus dem harten Euter rinnt.

WIEDERKEHR EINER ARCHAISCHEN LEBENSART

Mehr noch als ein Brotberuf ist das Hirtendasein eine archaische Lebensart. Schon mit ihrem Aussehen unterstreichen die Hirten ihre Andersartigkeit: Mit dem langen Wollumhang, dem Hirtenstab, der auf Fuerteventura »lata« heißt, dem obligatorischen Hut und dem Hund als Begleiter, erscheinen sie als Wiedergänger einer längst versunkenen bäuerlichen Welt. Die Hirtenfamilien heiraten fast immer untereinander und bilden auf der Insel eine gut organisierte Gemeinschaft. Bei der »pelá«, dem jährlichen Scheren der Herde, das stets am Sommeranfang startet, helfen alle mit, um die Tiere still zu halten und zügig zu bearbeiten. Zum Dank gibt's für die Helfer ein großes Fest. Ein paar Tage später ist die nächste Herde dran, und so geht es fort den ganzen Sommer lang. Einmal im Jahr treffen sich die Viehzüchter zur »apañada«: Die halbwild weidenden Ziegen (»cabras de costa«) werden eingesammelt, die Jungtiere markiert und männliche Zicklein geschlachtet.

AROMATISCHE MILCH FÜR HERZHAFTEN KÄSE

Mittlerweile gibt es auf Fuerteventura wieder 500 Ziegenfarmen mit 750 000 Tieren – Tendenz steigend. Sie gehören mehr als 30 verschiedenen Arten an, besonders häufig vertreten ist La Puipana mit weißem, von blonden, zimt- und braunfarbigen Strähnen durchzogenem Fell. Insgesamt geben Fuerteventuras Tiere mehr als drei Millionen Liter Milch pro Jahr, aus denen gut 400 000 Kilogramm Käse hergestellt werden. Sofern der Hirte ausschließlich die Milch der eigenen Ziegen verarbeitet, betreibt er eine »quesería artesanal«, eine kunsthandwerkliche Käserei. Davon abgegrenzt wird die »quesería industrial«, die Großmolkerei, bei der all jene Hirten ihre Milch abliefern, die lieber der Expertise von Biologen und Lebensmittelchemikern vertrauen.

VIEL MEHR ALS NUR KÄSE

Doch wird aus Ziegenmilch nicht nur Käse gewonnen. Manche Produzenten stellen aus ihr auch einen Likör her, dessen Geschmack freilich etwas gewöhnungsbedürftig ist. Und hieß es nicht, Kleopatra habe in Ziegenmilch gebadet, um ihre glatte Haut zu erhalten? Auch heute wird die Milch, die reich an Mineralien, Enzymen und Fetten ist, wieder kosmetisch verwendet; in vielen Läden kann man »Kleopatras Seife« kaufen.

Hat die Ziege ausgedient, wird sie geschlachtet. Mit einem geschickten Schnitt am Hals tötet Paco das Tier. Dann hängt er es an den Hinterläufen auf, damit es ausblutet. Nach ein bis zwei Tagen ist das Fleisch abgehangen und reif für den Verzehr: Ob marinierte Ziege (»cabra en adobo«), Ziegengulasch (»cabra compuesta«) oder Ziege mit Mandeln und Oliven »auf alte Art« (»cabra a la antigua«): Lassen Sie sich von der Qualität des Fleisches überzeugen. Als besondere Delikatesse gilt Zicklein (»cabrito«), also männliche Jungtiere, die logischerweise keine Milch geben.

ZIEGE ALLÜBERALL

Im Museo del Queso (▸ S. 17), dem ans Freilichtmuseum in Antigua angeschlossenen »Käsemuseum«, das Ende 2014 öffnen soll, erfahren Sie einiges über die Ziege und ihr Paradeprodukt, den Käse. Außerdem gibt es je eine Casa del Queso in Betancuria und in Llanos de la Concepción, wobei es sich um private Käse-Verkaufsläden handelt. In der Casa Santa María in Betancuria (▸ S. 28) führt eine Art virtueller Ziegenstall mit Video- und LED-Technik Besucher in Ziegenhaltung und Käseproduktion ein. Insgesamt können auf der Insel mehr als ein Dutzend Ziegenfarmen samt Käsereien besichtigt werden, darunter Quesos La Montañeta und Quesos Guriamen (▸ S. 36). Auf Bauernmärkten (▸ S. 36) erhalten Sie Ziegenkäse direkt vom Produzenten, dazu aus Ziegenmilch hergestellte Kosmetika und Kulinarisches. Selbst in Form von Kunst können Sie Ziegen bestaunen: In der Casa Mané (▸ S. 106) in La Oliva »weiden« auf schwarzer Vulkanasche knapp hundert Ziegen, von Alberto Agulló aus Eisenschrott geschmiedet. Bei Festen tritt stets ein aus aneinandergehängten Ziegenknochen geschaffenes Instrument in Aktion: Die Musiker haben es um den Hals gebunden und traktieren es mit einem Stöckchen, sodass ein kastagnettenartiges Geräusch entsteht.

Grüner reisen
Urlaub nachhaltig genießen

Wer zu Hause umweltbewusst lebt, möchte vielleicht auch im Urlaub Menschen unterstützen, denen ein verantwortungsvoller Umgang mit der Natur am Herzen liegt. Empfehlenswerte Projekte, mit denen Sie sich und der Umwelt einen Gefallen tun können, finden Sie hier.

2009 hat die UNESCO die gesamte Insel zum **Biosphärenreservat** erklärt. Damit bestätigte die Organisation der Vereinten Nationen für Bildung, Wissenschaft und Kultur, dass Fuerteventura eine »nachhaltige Entwicklung« anstrebt, also die wirtschaftliche Erschließung nicht auf dem Rücken der Natur ausgetragen wird. Doch wer die Insel kennt, ist überrascht: Wurden nicht die schönsten Strände mit Bettenburgen zugepflastert? Begräbt nicht eine EU-finanzierte Schnellstraße zahlreiche »barrancos«, vom Regenwasser ausgewaschene Schluchten? Und gibt es auf der Wüsteninsel nicht mehrere »wasserfressende« Golfplätze?

Die Lobby der Bauindustrie, in Spaniens Boomzeiten eine Art Staat im Staat, hat es bislang fast immer geschafft, sich gegen Einwände des Umweltschutzes durchzusetzen. So mag es scheinen, das Label »Biosphärenreservat« sei nur eine weitere Strategie, um neue Touristenströme anzuzapfen. Zum Glück wurde Fuerteventura aber erst relativ spät vom Tourismus entdeckt, sodass weite Gebiete verschont blieben. Das gilt auch für die weißen Dünen von Corralejo (▶ S. 60), das sanft gerippte Gebirge von Betancuria (▶ S. 124) und den Saladar de Jandía (▶ S. 77), ein Feuchtgebiet. Am Strand von Cofete (▶ S. 99) wurde jüngst sogar ein ambitioniertes Programm zur Wiedereinführung der weltweit vom Aussterben bedrohten Karettschildkröte gestartet.

ÜBERNACHTEN

Casa Isaítas　　　　　　▶ D 5

Das Natursteinhaus im Dorfzentrum von Pájara erinnert ein wenig an ein Kloster: Ein Gebäudeflügel mit vier einfachen Zimmern umspannt einen begrünten Innenhof, in dem die Gäste unter sich sind. Ein knarrendes Tor öffnet den Weg zum zweiten Hof mit dem rustikalen Restaurant. Bekannt ist es vor allem für seine spanische Hausmannskost mit vielen Zutaten aus ökologischem Anbau. Natürlich gibt es hier auch besten Ziegenkäse, frischen Fisch und Fleisch.

Pájara | Guize 7 | Tel. 928 16 14 02 | www.casaisaitas.com | 4 Zimmer | €€€

Risco del Gato　　　▶ S. 71, südl. a 4

Das Suite-Hotel wurde bereits mit vielen Umweltpreisen bedacht. Organische Abfälle speisen eine Biogasanlage, die aus ihnen Dünger und – zwecks Stromerzeugung – Methangas produziert. Abwässer werden in einer Pflanzenkläranlage gereinigt, auf dass sie der Bewässerung des Gartens dienen. All dies bleibt dem Auge des Gastes freilich verborgen. Was er sieht, sind bumerangförmige Bungalows, die innen und außen in Sand- und Ockertönen gehalten und so gestylt sind, dass sie auf der »Insel des starken Windes« (»fuerte ventura«) stets Windschutz bieten. Der Garten präsentiert sich in meditativer Strenge, wie es sich für eine Wüsteninsel gehört. Das Frühstück genießt man auf der Terrasse unterm Mimosenbaum und das Abendessen in einem Kuppelbau, in dem nichts zu hören ist als das Plätschern von Wasser.

Costa Calma | Calle Sicasumbre 2 | Tel. 928 54 71 75 | www.vikhotels.com | 51 Bungalows | €€€€

EINKAUFEN

Aloe Vera Fresca　　　　　▶ D 4

Die genügsame Aloe-vera-Pflanze findet auf Fuerteventura alles, was sie zum Gedeihen braucht: ein konstant warmes Klima mit viel Sonne. Sie wächst auf großen Plantagen heran, etwa zwischen Tuineje und Tiscamanita. Frühestens nach fünf Jahren wird ihren dicken lanzenförmigen Blättern mit den kleinen Stacheln an den Blatträndern jenes geleeartige Fruchtfleisch entnommen, das dank seiner Vitamine und Enzyme ein ideales Mittel für die Pflege der Haut ist.

Mittlerweile wird Aloe vera vielen Kosmetika beigemischt, seine Wirkung entfaltet es freilich am effektivsten, wenn es frisch oder in kalt gepresster Form ohne Zusätze verwendet wird. In mehreren Läden auf der Insel werden Aloe-vera-Produkte verkauft. Bio-zertifizierte Erzeugnisse bietet der sympathisch kleine Laden in Betancuria.

Betancuria | Calle General Moscardó 23 | Tel. 646 25 10 39 | www.aloevera fuerteventura.com

Clean Ocean Project

In drei schlicht-schönen Läden im Inselnorden wird hübsche, tragbare Bademode angeboten, der Erlös aus dem Verkauf für den Schutz der Meere gespendet. Gegenwärtig unterstützt Clean Ocean Project die Kampagne einheimischer Umweltschutzorganisationen gegen Erdölplattformen vor Fuerteventuras Küste. Auf der Website wird über die Verschmutzung des Atlantiks berichtet – und über diverse Aktionen, die dies verhindern (clean oceanproject.blogspot.com.es).

– Corralejo | Av. Marítima
▶ Klappe hinten, d 2
– El Cotillo | Puerto Antiguo/El Muellito
🐐 E 2
– Lajares | La Rotonda
🐐 E 2

Seife aus Ziegenmilch

Ein hundertprozentiges Naturprodukt: Ziegenmilch wird mit Olivenöl kalt angerührt, sodass alle Vitamine, Proteine und Mineralstoffe erhalten bleiben. Damit das Produkt besser riecht, werden ihm ätherische Öle beigemischt. Haut, die mit Ziegenmilchseife gereinigt wird, trocknet dank der in ihr enthaltenen Lipide nicht aus. Aus Ziegenmilch und Lavasand werden außerdem Peeling-Seifen hergestellt. Man erhält diese Produkte in vielen Kunsthandwerksläden und Parfümerien (www. jabon-fuerteventura.com).

Smart Fuerteventura 🐐 F 3

»Smart Experiences« verspricht die Website, die auf Naturerlebnis in Fuerteventura setzt: Animiert wird zur Buchung von Ferienhäusern auf dem Land, zum Kauf von herkunftsgeschütztem Ziegenkäse, zu Aktivitäten wie Wandern, Radfahren, Reiten und Surfen. Die Website stellt auch Kunsthandwerker vor, die aus Fuertes Naturmaterialien schöne Dinge erschaffen.
Puerto del Rosario | Apartado de Correos 257 | www.smartfuerteventura.com

Ziegenkäse

Zehntausende von Ziegen durchstreifen die karge Landschaft Fuerteventuras (▶ S. 30). Aus ihrer Milch wird Ziegenkäse gewonnen, der 1995 als erster in Spanien das begehrte staatliche Gütesiegel (»Denominación de Origen Queso Majorero«) erhielt. Weder Konservierungs- und Farbstoffe noch andere künstliche Substanzen werden ihm beigemischt. Auf der Insel gibt es viele Käsereien und nicht wenige stellen Weltklasseprodukte her – das jedenfalls attestiert ihnen alle Jahre wieder der renommierte World Cheese Award. Zu den Gewinnern gehören die folgenden Käsereien:
– Quesos Guriamen: Villaverde | Las Huertas 47 | Tel. 648 07 51 68 | http:// quesosguriamen.jimdo.com 🐐 F 2
– Quesos La Montañeta: Puerto del Rosario | Casillas del Ángel 60-B | Tel. 629 01 42 47 🐐 E 3
– Quesos Maxorata: Tuineje | Llano La Higuera, Km. 5,5 | Tel. 928 87 08 90 | www.maxorata.es 🐐 E 5

AKTIVITÄTEN

Bird Watching 🐐 E 2

Nahe Lajares im Inselnorden wurde ein 5 Mio. Quadratmeter großes Gelände umzäunt, auf dass hier die vom Aussterben bedrohte Kragentrappe, eine einheimische Wüstenvogelart, ungestört nisten kann. Wassertümpel wurden angelegt, und Hülsenfrüchte, die

Lieblingsnahrung des Vogels, werden ausgestreut, damit er sich wohl fühlt. Außerdem wird auf dem Gelände ein Gehöft restauriert, das als Forschungszentrum und Vogelwarte dienen soll. Infos bei Medio Ambiente: Puerto del Rosario | Calle Lucha Canaria 112 | Tel. 928 85 2106

Geführte Wanderungen

Die Inselregierung hat zahlreiche Wege markiert, um die Erkundung naturbelassener Landschaften zu erleichtern. Zur Wahl stehen Palmentäler (Vega de Río Palmas, ▶ S. 114), weiße Klippen (Ajuy, ▶ S. 93), erloschene Vulkane (Calderón Hondo bei Lajares, ▶ S. 104) und schwarze Lavaströme (Pozo Negro, ▶ S. 109). Weitere Hinweise im Kapitel »Sport und Strände« (▶ S. 42).

Starlight Destination

Fuerteventura wurde von der UNESCO zur »Starlight Destination« erklärt. Denn der Himmel über dem Zentrum und dem Westen der Insel ist fast frei von Lichtverschmutzung. In pechschwarzer Nacht leuchten die Planeten und laden zur Sternenschau ein. So entstehen hier die ersten »Miradores Estelares«: Sternen-Aussichtspunkte (▶ 53). Doch auch in den Städten und Ferienorten will man die Lichtverschmutzung minimieren. So sollen energiesparende Straßenlampen, die nur auf den Boden und nicht in den Himmel weisen, die konventionelle Rundumbeleuchtung ersetzen. Kanarische Astronomen kämpfen für das »Recht des Menschen auf das Licht der Sterne« und weisen darauf hin, dass auch Tiere eines dunklen Nachthimmels bedürfen: Der Gelbschnabelsturmtaucher und viele Wandervögel, die Karettschildkröte und Insekten orientieren sich am Licht der Sterne. Jedes Jahr am 20. April feiert die Insel die Sternennacht. Hobby-Astronomen zeigen gern Besuchern die Planeten (www.starsbynight.es).

Ein Wunder der Natur: Die Wüstenpflanze Aloe vera (▶ S. 35) speichert in ihren Blättern jede Menge Flüssigkeit. Der Saft soll wahre Wunder wirken – nicht nur für die Haut.

EINKAUFEN

Traditionelles Kunsthandwerk ist wieder »in« und ein wunderbares Mitbringsel aus Fuerteventura. Natürlich gibt es auch allerlei Köstliches für die Küche, und als duftende Urlaubssouvenirs bieten viele Inselläden Aloe-vera-Kosmetikprodukte an.

Mit dem Tourismus-Boom kamen auch große Einkaufszentren nach Fuerteventura. Diese »**Centros Comerciales**« vereinen unter einem Dach alles, was man im Urlaub braucht: Supermärkte, Souvenirshops und Boutiquen, aber auch Bistros, Bars und Restaurants. Auf die aus der Heimat vertraute Kost braucht man nicht zu verzichten, denn in den Läden gibt es viele auch bei uns geläufige Marken. Auf dem Vormarsch sind Bioprodukte wie Vollkornwaren und Müsli. Billiger als daheim ist der Einkauf auf Fuerte allerdings nicht, günstiger sind nur Tabakwaren und Parfüm. Alles, was Fuerteventuras Bauern ernten und herstellen, wird auf kleinen Märkten (»**mercadillos**«) angeboten: junger und reifer Ziegenkäse, duftendes Anisbrot und Obstschnaps, frische und getrocknete Früchte, exotische Marmeladen und »Mojo«-Saucen, pikant eingelegte Oliven und kalt gepresstes Olivenöl der Marke »Fuerteventura«.

◀ Mit etwas Glück findet man auf den Inseln
noch handgemachte Lochstickereien (▶ S. 39).

Auch die Kunsthandwerker haben sich zusammengetan, um ihre Ware im Direktverkauf zu vermarkten. Auf den »mercados artesanales« finden Sie Schönes und Nützliches, meist »made in Fuerteventura«. Die Kunsthandwerkermärkte finden von zehn bis 14 Uhr an verschiedenen Orten statt (chronologisch ab Samstag): Auf der Plaza des Szeneorts **Lajares** wird am Samstag ein bunter Markt abgehalten. Zeitgleich geben sich in **Costa Caleta** die Händler eines wandernden Flohmarkts ein Stelldichein. Am Sonntag fahren viele Touristen nach **La Lajita**, wo der attraktivste Inselmarkt stattfindet. Am Dienstag pilgern sie nach **La Oliva** zum »Markt der Traditionen« in der restaurierten Casa del Coronel. Mittwochs geht auf der staubigen Plaza Hapag Lloyd in **Costa Calma** auch viel Ramsch über den Tresen. Am Donnerstag zieht die Karawane erneut nach **La Oliva** (Casa del Coronel), nach **Jandía** und nach **Corralejo** zum C. C. Campanario, wo sie bis Freitag bleibt.

ALTES HANDWERK, GRÜNES FÜR ZUHAUSE

Seit einigen Jahren werden alte Traditionen wieder belebt. Ältere Frauen geben ihr handwerkliches Können an die nächste Generation weiter, an einigen Orten darf man ihnen bei der Arbeit zuschauen. So etwa in den **Werkstätten** von Betancuria und Lajares, wo weiße Decken mit Lochmustern oder bunter Reliefstickerei verziert werden. Unter dem Zeichen eines altkanarischen Fußabdrucks vermarktet die Inselregierung authentisches Kunsthandwerk in einigen ihrer **Museumsläden**, etwa in Las Salinas, Villaverde und Betancuria.

Wer seine häuslichen vier Wände mit Palme oder Wolfsmilchgewächs schmücken will, geht in eine »jardinería« oder »florestería« und erwirbt für wenig Geld ein Tütchen mit Samen. **Wüstenpflanzen** zum Mitnehmen werden auch im Garden Center des **Oasis Park** (▶ S. 104) verkauft. Auf der Insel wird in großen Plantagen **Aloe vera** angebaut und dann zu Kosmetika verarbeitet.

AUS UND FÜR FUERTEVENTURA

In den Läden »Fuerte Action«, die in den Einkaufszentren und Hotels des Südens gleich zwölfmal vertreten sind, gibt es nicht nur Boards, Riggs und Neopren-Anzüge, sondern auch hochwertige Freizeitkleidung. Lässig sind die Eigenkreationen »designed in Fuerteventura, made in Spain«.

Außerdem findet man auf der Insel gleich mehrere Ableger der Natura-Kette, die Ethno-Artikel aus aller Welt verkauft: farbenfrohe Kleidung aus Naturstoffen, Schuhe und Accessoires. Wer im Laden eine Flasche Mineralwasser erwirbt, spendet einen Teil des Betrags der Stiftung Agua Por Agua. Diese setzt sich dafür ein, dass Menschen in Entwicklungsländern sauberes Trinkwasser bekommen. Die Läden befinden sich in Caleta de Fuste (C. C. Atlántico), in Jandía (C. C. Atlántico) und Corralejo (C.C. El Campanario). Viel Mode findet man auch im inselgrößten Einkaufszentrum Las Rotondas in Puerto del Rosario.

MUSIK

Hören Sie Fuerteventura! Populär ist **Domingo Rodríguez Oramas**, allen bekannt als El Colorao, was frei übersetzt so viel heißt wie »der bunte Hund«. Ihm ist es zu verdanken, dass die **Timple**, ein kleines fünfsaitiges Zupfinstrument, das wie eine Mini-Gitarre aussieht, aus seinem kanarischen Schattendasein auf die großen Bühnen Spaniens und Lateinamerikas gelangte. Zu Oramas Erfolg trug bei, dass er traditionelle Folklore von Kitsch befreite – etwa auf seiner CD »Aulaga«, die er dem unverwüstlichen Dornlattich von Fuerteventura widmete (www.elcolorao.com).

ÖFFNUNGSZEITEN

Die Geschäfte sind in der Regel von Montag bis Freitag 9–13 und 16.30–20 Uhr und am Samstag 9–13 Uhr geöffnet. In Touristenorten wie Corralejo und Jandía kann man in vielen Läden auch am Samstagabend und am Sonntag einkaufen.

BESONDERE EMPFEHLUNGEN
KULINARISCHES
Productos de Fuerteventura 🚩

▶ S. 89, b 2

In der hauptstädtischen Fußgängerstraße wird nicht nur authentisches Kunsthandwerk von der Insel verkauft, sondern auch Kulinarisches: Käse, Olivenöl, Meersalz, Ziegenmilchlikör, Gofio, Konditoreiwaren, Marmeladen und vieles andere mehr.

Puerto del Rosario | Calle Primero de Mayo | Mo–Fr 10–13.30 und 17.30–20.30, Sa 10–13.30 Uhr

KUNSTHANDWERK
Cabracadabra 🔖 E 2

Hinter dem Wortspiel (»cabra« heißt Ziege) verbergen sich zwei Kunsthandwerker, die ausgefallene, in Form und Farbe von Fuerteventura inspirierte Eigenkreationen anbieten: Lidia Nuñez malt auf Seide fantastische Muster und Motive; Bernhard Glauser, gelernter Schweizer Goldschmied, stellt aus Edelmetall, Lavastein und Perlen archaisch anmutenden Schmuck her.

Lajares | Calle Coronel Gonzales del Yerro 66 | www.bernhardglauser.com

Tiendas de Artesanía   ◢ D 4

Schöne Orte, schöne Dinge: An alle öffentlichen Museen der Insel sind Läden angeschlossen, in denen ausschließlich auf der Insel hergestelltes Kunsthandwerk verkauft wird. Fündig werden Sie z.B. im Ecomuseo de la Alcogida von Tefía (▶ S. 113), im Molino de Antigua (▶ S. 94) und in Las Salinas del Carmen (▶ S. 110). Das Flaggschiff der Kette ist die Tienda de Artesanía von Betancuria: Der Laden verkauft neben vielen anderen hübschen Mitbringseln Spitzendecken, Web- und Flechtarbeiten, Keramik und Lava-Schmuck und vieles mehr unter dem Markenzeichen »La Huella de lo Auténtico« (die Spur des Authentischen).

Betancuria | Calle Roberto Roldán s/n | www.artesaniaymuseosdefuerteventura. org | Di–Fr 10–13 und 15–17, Sa 11–14 Uhr

SOUVENIRS

El Cabrito   ▶ S. 77, b 4

Jede Kanareninsel hat ihr tierisches Markenzeichen, so auch Fuerteventura: Die Silhouette einer kecken Ziege samt dem Schriftzug »cabrito« (Zicklein) schmückt T-Shirts und Shorts, Stifte, Schlüsselanhänger und Sonnenbrillen – insgesamt 600 Produkte, die man als Souvenir mit nach Hause nehmen kann. Bereits seit einem Jahrzehnt verbinden viele Fuerte-Kenner die Insel mit diesem Logo. Die Läden befinden sich überwiegend in den Ferienorten des Südens, etwa in Morro Jable.

Morro Jable | Calle Nuestra Señora del Carmen 2 | www.cabrito-fuerteventura. com | tgl. 10–13 und 17–21 Uhr

Weitere Geschäfte und Märkte finden Sie im Kapitel FUERTEVENTURA ERKUNDEN.

Schild mit Palme und Ziege: Unübersehbar ist an mehreren Orten auf Fuerteventura die stilisierte Ziege. Sie dient als Logo der Ladenkette »Cabrito« (▶ S. 41).

SPORT UND STRÄNDE

Die zweitgrößte Kanareninsel gilt als europäisches Hawaii.
Viel Wind und hohe Wellen sorgen für ideale Surfbedingungen.
Ein Paradies für Sonnenanbeter und Wasserratten aller
Art sind die schier endlosen Strände.

Goldene Sandstränge von insgesamt 55 km Länge – keine andere Kanareninsel kann damit konkurrieren! Und eine weitere gute Nachricht für Wasserratten ist: Auf Fuerteventura können Sie das ganze Jahr über im Meer baden. Zu den bekanntesten und beliebtesten Küstenabschnitten zählen die schier endlosen **Playas de Sotavento de Jandía** ⭐ (▸ S. 47) zwischen Costa Calma und Morro Jable sowie die kilometerlangen **Dunen von Corralejo** ⭐ (▸ S. 60). Zu weit sollten Sie sich beim Schwimmen oder mit kleinen Booten freilich nie vom Ufer entfernen, schon gar nicht an der Küste im Westen und an der Meerenge El Río im Norden. Denn die Atlantikwellen sind stark und die Strömungen lebensgefährlich. Beachten Sie bitte auch immer die Beflaggung am Strand: Bei Grün können Sie ohne Bedenken ins Wasser, bei Gelb ist Vorsicht angesagt und bei Rot ist das Baden verboten.

◄ Traumrevier für Wassersportler: Kitesurfer
(► S. 43) lieben die Gefilde um Fuerteventura.

Doch nicht nur zum Baden, auch zum **Surfen** in all seinen Varianten ist Fuerteventura ideal – nicht umsonst wird hier seit vielen Jahren der World Cup der Surfer und der Grand Prix der Kiter ausgetragen. Egal ob Wind- oder Kite-Surfen, Wellenreiten oder Stand Up Paddling: Aufgrund optimaler Wind- und Wellenbedingungen kann auf Fuerteventura jeder seine Lieblingsaktivität ausüben.

FÜR JEDEN BEDARF DER RICHTIGE WIND

In der Fachzeitschrift »Surf« heißt es über die Kanareninsel: »Bergsteiger haben ihre Eigernordwand, Skirennfahrer ihre Streif, Surfer, denen vor nichts graust, fahren zur North Shore auf Fuerteventura.« An der Nordküste weht der vorherrschende Wind »onshore« (auf den Strand zu), weiter südlich, an den Playas de Sotavento de Jandía, eher »offshore«, also vom Land aufs Meer hinaus. Für Anfänger ideal ist das Gebiet um Costa Caleta, wo der Passatwind »sideshore« an der Küste entlangweht. Nur Spitzensportler trauen sich die Westküste zu, wo sich die Wellen bis zu sieben Meter auftürmen. Optimal fürs Windsurfen sind die Monate Juni bis August, wenn der Passat konstant mit vier bis sechs Beaufort bläst.

IN DER LUFT UND AUF DER WELLE REITEN

Längst haben auch **Kitesurfer** die Insel entdeckt. Wo der Wind ganzjährig mit mindestens drei Stärken bläst, kann man fast immer zu Manövern auf dem Wasser starten. Flüge von 15 m Höhe und 75–100 m Länge sind an den Playas de Sotavento möglich. Ein weiterer Vorteil kommt hinzu: Da der Wind meist ablandig weht, werden Kiter selbst bei höchsten Flügen nicht landeinwärts geschleudert. Die erste Kite-Schule (► S. 74) hat der Schweizer René Egli, Vorreiter in Sachen Wind, eröffnet: Zunächst wird man an Land mit der Kraft des Lenkdrachens vertraut gemacht und kann im Kite-Pool die ersten Manöver üben. Dann lässt man sich im »Bodydrag« (ohne Board) vom Kite durchs Wasser ziehen, um schließlich den Wasserstart zu üben. Damit sich Wind- und Kitesurfer am Strand nicht in die Quere kommen, hat René Egli das Windsurf- und das Kite-Center zwei Kilometer voneinander entfernt anlegen lassen: am Nord- und am Südrand der Lagune Playa Barca – jeweils in einer Palmenoase mit Beach-Bar. Weitere Surfschulen gibt es in Costa Caleta und Las Playitas (nur für Anfänger) sowie in Corralejo.

Doch auch **Wellenreiter** kommen auf ihre Kosten. Vor allem in Corralejo im Norden und bei La Pared im Westen finden sie gute Bedingungen. In beiden Orten haben sich deutschsprachige Surf-Schulen etabliert, die Kurse für Anfänger und Fortgeschrittene anbieten. Der Trendsport SUP-Surfen (Stand Up Paddle), bei dem man auf einem Board stehend nur mithilfe eines Paddels vorwärts gleitet, ist in allen Ferienorten möglich. Übrigens hat sich auf Fuerteventura das größte Sport- und Aktivhotel der Kanaren etabliert – Sie finden es in Las Playitas.

GOLF

Ausgerechnet die Wüsteninsel Fuerteventura hat sich mit vier Plätzen als Golf-Destination etabliert. Südlich von Costa Caleta wurden in karger Landschaft zwei 18-Loch-Anlagen errichtet, die die größte Grünfläche der Insel bilden. Im Fuerte Golf Club sowie im angrenzenden Salinas Golf (▶ S. 69) wird das Können durch natürliche Hindernisse wie Seen und Flüsschen herausgefordert. Einen weiteren 18-Loch-Platz bietet das Playitas Grand Resort (▶ S. 108). Die zwischen ockerbraunen Felswänden angelegten Rasenteppiche reichen nah ans Meer heran. In der angeschlossenen Golfschule wird auch in Deutsch unterrichtet. Landschaftlich reizvoll ist auch der zurzeit geschlossene Platz Golf Vinamar in Jandía.

RAD FAHREN

Immer mehr Biker tummeln sich auf den Pisten Fuerteventuras. Mittlerweile gibt es sogar Radwege, etwa in Corralejo, El Cotillo, Las Playitas und Gran Tarajal. Wer kein eigenes Rad mitbringt, kann in den Ferienorten eines mieten. Viele Bikestationen bieten auch geführte Touren an. Sportlich weniger Ambitionierte wählen die muskelschonende Bus-Bike-Tour: Bei dieser Variante wird man erst zum höchsten Punkt der Tour gefahren, dann geht es mit dem Rad bergab. Fortgeschrittene bevorzugen hingegen den spektakulären West-Coast-Pisten-Trail, der nach El Cofete führt.

REITEN

Rancho Barranco de los Caballos

🔖 C 6

Die Finca befindet sich im Barranco de los Caballos nördlich von La Pared. Der Reitstall wird von zwei Deutschen geleitet und ist eine gute Adresse für alle, die schon etwas Erfahrung haben und auf reinrassigen Andalusiern galoppieren wollen – auch am Strand! Puerto Nuevo, La Pared | Tel. 928 17 41 51 | www.reiten-fuerte.de

SEGELN

Es gibt Yachthäfen in Corralejo, Puerto del Rosario, Costa Caleta und Morro Jable. Segelkurse werden in Esquinzo/Butihondo (Club Aldiana und Robinson Club, ▶ S. 75), in Las Playitas (Playitas Grand Resort, ▶ S. 108) und in Tarajalejo (R 2 Bahía Playa, ▶ S. 112) angeboten. Auch wer keinen Cluburlaub gebucht hat, kann auf der Insel segeln lernen. In Morro Jable startet mehrmals wöchentlich ein Windjammer zu Ausflügen. Infos zum Erwerb eines Segelgrundscheins bekommt man bei der Touristeninformation im Shopping Center von Jandía. Für Kinder ab sechs Jahren bietet die Catcompany in der geschützten Bucht von Las Playitas Kurse in Mini-Booten, sogenannten Opti-Jollen, an (http://cat company.eu).

TAUCHEN

Die nur 15 m tiefe Meerenge El Río zwischen Corralejo und Lobos ist für Taucher ideal: Lavaströme, die im Meer erstarrt sind, unterseeische Labyrinthe und Grotten, dazwischen bunte Fischschwärme und bizarre Seegraswiesen. Aber auch an der Halbinsel Jandía gibt es fischreiche Unterwasserreviere. Wer das Tauchen lernen möchte, muss ein ärztliches Gesundheitszeugnis vorle-

gen. Nach einigen Stunden im Pool und Schnupperausflügen in seichten Gewässern darf das Abenteuer im Atlantik beginnen. Tauchschulen gibt es in allen Ferienorten. Auch wenn sie an bestimmte Hotels angeschlossen sind, stehen sie allen Interessierten offen.

TENNIS

Jedes größere Hotel hat seinen eigenen Tennisplatz, sodass die Freunde des weißen Sports im Urlaub nicht auf das Spiel verzichten müssen. Die Platzmiete beträgt 6-8 € pro Stunde, etwas mehr kostet das Spielen bei Flutlicht.

WANDERN

Allmählich wird die herbe Schönheit Fuertes auch von Wanderern entdeckt. Die Inselregierung hat daher begonnen, Wege zu markieren, etwa die

Segeln vor wüstenhafter Kulisse: Ein Highlight im Jahreskalender der Wassersportfans auf Fuerteventura ist die Katamaran-Woche im Robinson-Club Jandía Playa (▶ S. 78).

154 km lange Inselquerung von Nord nach Süd, von Corralejo zur Punta de Jandía (rot markiert, GR-131).

»Leicht« sind der Weg von der Costa Calma zum Strand von La Pared sowie die Wanderung durch den Naturpark der Dünen von Corralejo. Als »mittelschwer« sind der Pilgerpfad von Antigua nach Betancuria und die Vulkanwanderung ab Lajares einzustufen. »Schwierig« ist der Aufstieg von Jandía zum höchsten Berg der Insel, dem 807 m hohen Pico de la Zarza. Am besten startet man am Hotel Barceló Jandía Playa und folgt der Straße hinauf. Kurz bevor sie an einem Beton-Wasserspeicher endet, hält man sich rechts und folgt dem markierten Weg.

Von Februar bis November organisiert die Inselregierung jedes Wochenende eine Gratistour für maximal 50 Gäste (Anmeldung auf Spanisch unter Tel. 928 86 23 77 oder im Internet unter www.cabildofuer.es/juventud, Link »Fuerteventura al golpito«). Daneben gibt es auch deutschsprachige kommerzielle Wanderanbieter wie Time for Nature (www.timefornature.de) und Fuertescout (www.fuertescout.de).

Beste Wanderzeit sind die Monate Januar bis April, wenn nach den winterlichen Regenfällen auf der kargen Erde Blumen erblühen. Die Temperaturen sind dann günstig, eine frische Atlantikbrise sorgt für angenehme Kühlung.

STRÄNDE

Playa Barca ⚓ C 7

Über 2 km langer Sandstrand südlich von Costa Calma. Ihm vorgelagert ist eine Lagune, die bei Ebbe trockenfällt und sich in ein Watt verwandelt: ideal für Kleinkinder zum Planschen.

Playa de Barlovento ⚓ B 7

Einsamer, 11 km langer Sandstrand im äußersten Südwesten, nur erreichbar mit Jeep via Cofete. Das Baden ist extrem gefährlich, auch vor Wassersport wird gewarnt.

Playa de Corralejo ⚓ F 1

Ein 8 km breiter Dünengürtel säumt die Nordküste südlich von Corralejo: sonnenüberflutet und vom Wind zu sichelförmigen Hügeln geformt. Mehrere Surfschulen, Liegestuhl- und Sonnenschirmverleih.

Playas de Costa Caleta ⚓ F 5

Auf die goldsandige, 800 m lange Playa del Castillo folgen südwärts ein paar kleinere Badebuchten – am schönsten ist Playa de Guirra mit einer vorgelagerten »Insel«. Die Strände sind durch Wellenbrecher geschützt und ideal für Kinder, beliebt auch bei Surfanfängern und Seglern.

Playa Costa Calma ⚓ C 7

Knapp 3 km langer Sandstrand am Fuß ockerfarbener Klippen. Angeboten werden Wasser- und Jetski, Surfen und Tauchen. Liegen und Sonnenschirme stehen bereit.

Playas del Cotillo ⚓ E 2

Nördlich von El Cotillo gibt es weißsandige Badebuchten, südlich einen kilometerlangen Sandstrand am Fuße der Klippen, der aber wegen der hohen Wellen zum Baden gefährlich ist. Nur geübte Surfer steigen aufs Brett.

Playa Esquinzo ⚓ B 8

Der helle, knapp 3 km lange Sandstrand nordöstlich von Jandía ist ideal für alle Altersgruppen. Man kann segeln, surfen und tauchen. Liegen- und Sonnenschirmverleih, Strandbars.

Playa del Matorral ⚓ B 8

Der helle, über 3 km lange Sandstrand erstreckt sich bei Jandía. Damit er nicht mit dem Strand gleichen Namens am Flughafen verwechselt wird, heißt er auf einigen Karten Playa de Jandía.

Playa de las Playitas ⚓ E 6

900 m langer, zwischen Felskuppen aufgeschütteter Sandstrand vor dem Playitas Grand Resort (▶ S. 108). Er ist öffentlich, also auch für Nicht-Hotelgäste zugänglich.

Playa de Pozo Negro ⚓ F 5

Die touristisch noch nicht erschlossene Bucht erstreckt sich südlich von Costa Caleta und warte mit einem 1 km langen Kiesstrand auf.

Playas de Sotavento de Jandía ⚓ C 7–B 8

Ein wirkliches Highlight unter Fuerteventuras Stränden ist der 25 km lange Goldstrand auf der Halbinsel Jandía. Die Strandoase wird unterteilt in Playa Costa Calma (▶ S. 46), Playa Barca (▶ S.46), Playa Esquinzo (▶ S. 46), Playa de Butihondo (▶ S. 75) und Playa del Matorral (▶ S. 47).

Playa de Tarajalejo ⚓ D 6

Über 1 km langer Strand, teils Abschnitte aus dunkler Lava, teils hell und aufgeschüttet.

FKK ist auf Fuerteventura offiziell nicht erlaubt, wird aber meist geduldet.

Walking on the moon? Jedenfalls können sich Wanderer auf der Riesendüne Risco del Paso (▶ S. 13) manchmal wirklich wie bei einem Mondspaziergang fühlen.

FESTE FEIERN

*Fuerteventuras Festkalender ist prall gefüllt:
Die vielen Heiligen, die es zu ehren gilt, sind stets Anlass für eine
farbenfrohe Fiesta. Die Tradition wird um neuere Musik-
und Sport-Events ergänzt – hier trifft sich die Szene der Insel.*

Der Inselname setzt sich aus »fuerte« und »ventura« zusammen. »Fuerte« heißt »stark«, bei »ventura« ist man sich auch unter Forschern und Historikern nicht einig, ob der Bedeutung »Abenteuer« oder »Wind« der Vorzug gegeben werden soll. Egal wie die Diskussion ausgeht: Tatsache ist, dass der Wind auf der Insel immerzu weht und Hauptakteur mehrerer wichtiger Events ist: des **Worldcups der Windsurfer**, des **Festivals der Winddrachen** und der **Bootsregatta Vela Latina**.

Das ganze Jahr über tummeln sich Surfer am Lagunenstrand südlich von Costa Calma. Doch im Juli und August, wenn der Wind mit voller Kraft bläst, findet sich hier die Weltelite der Wind- und Kite-Surfer zum Worldcup ein und begeistert die Zuschauer mit ihren akrobatischen Wassermanövern. Und auch an Land geht es hoch her mit viel Essen, Livemusik und Partys bis zum Morgengrauen.

◄ Karneval auf Fuerte: Sambatänzerinnen
bei einer Parade in Corralejo (▶ S. 59).

Die Einheimischen nutzen den Wind auf ihre Weise: Vela Latina heißt das von ihnen gern praktizierte Segeln, bei dem überproportional große Dreieckssegel für viel Speed sorgen. Nur wenn die Crew ihr Körpergewicht schnell und wendig auf dem Boot verteilt, bleibt es manövrierfähig. Spaß macht es, den stets am Wochenende stattfindenden Ausscheidungswettkämpfen vor der Mole in Corralejo zuzusehen. Zum Abschluss der Starkwindzeit im November treffen mehr als 100 Drachenbauer aus aller Welt ein, um beim **Festival de Cometas** ihre fantastischen Kreationen in die Lüfte steigen zu lassen. Ob Papier-Tintenfisch, Papagei oder Pinguin – vor der Kulisse der Dünen von Corralejo bieten die bunten Kunstwerke einen tollen Anblick.

HÖHEPUNKT KARNEVAL

Drei Wochen dauert der Karneval von Fuerteventura und gebärdet sich wie Rio de Janeiro in Miniatur: Mit schrillen Tönen nehmen die »murgas« (Karnevalsgruppen) Lokalpolitiker aufs Korn, Mitglieder von »comparsas« (Musik- und Tanzgruppen) tanzen in knappen Kostümen durch die Straßen. Bei der »verbena de las sábanas« (Ball der Betttücher) verwandeln sich Männer in vollbusige Superfrauen und Frauen in monströse Vampire – grenzenlose Lust zur Verkleidung. Höhepunkt des Karnevals ist die Wahl der Königin: Siegerin wird jene junge Dame, der es gelingt, das zentnerschwere Glitzergewand graziös über die Bühne zu balancieren. »El entierro de la sardina«, das Begräbnis der Sardine, beschließt den Reigen: Im Gefolge einer riesigen Pappsardine wälzt sich ein Trauerzug aus Klageweibern und Witwen, Greisen und Geistern durch die Stadt. Der Fisch wird über dem Meer entzündet, ein Feuerwerk erhellt die Nacht. Endet der Karneval in Puerto del Rosario, setzt er in Corralejo und Morro Jable ein – Gnadenfrist für Vergnügungssüchtige!

JANUAR

Fiesta de Nuevo Año (Neujahr)
Zur Begrüßung des neuen Jahres gibt es ein prächtiges Feuerwerk. Um Mitternacht werden Weintrauben verzehrt und Sektflaschen entkorkt.
1. Januar

Reyes Magos (Dreikönigstag)
Schon am Tag vor den Heiligen Drei Königen zieht eine Kamelkarawane durch Morro Jable, Corralejo, Puerto del Rosario, Antigua, Betancuria und Tuineje und bringt mit sich die weisen Männer aus dem Morgenland. Am

Abend erhalten Kinder ihre Weihnachtsgeschenke und führen sie stolz auf den Dorfplätzen vor.

5. Januar

Festival de Música, Puerto del Rosario

Im Rahmen des kanarischen Musikfestivals finden im Auditorium von Puerto del Rosario mehrere hochklassige Konzerte statt.

www.festivaldecanarias.com

FEBRUAR

Fiesta de Nuestra Señora de la Candelaria, Gran Tarajal

Beim Patronatsfest treten die besten Folkloregruppen auf.

2. Februar

Fiesta de los Carnavales in Puerto del Rosario (Karneval)

Erst wird der Karneval in der Hauptstadt groß gefeiert, dann zieht er weiter in die Ferienorte und Gemeinen.

www.carnavalcanario.es

Fiesta del Agua, Agua de Bueyes

In Agua de Bueyes beschwören die Menschen das »Regenwunder«: Man klopft in hypnotisierender Monotonie auf Ziegenknochen – der archaische Rhythmus soll die Wolken zum Abregnen zwingen. Sogar der kanarische Bischof stattet dem winzigen Weiler einen Besuch ab

28. Februar

MÄRZ/APRIL

Semana Santa

Karwoche und Ostern: Festliche Veranstaltungen mit Prozessionen finden vor allem in Puerto del Rosario statt.

Landwirtschaftsmesse Feaga, Pozo Negro

Ende April werden auf der staatlichen Granja Experimental die schönsten Ziegen und Schafe, Esel und Dromedare prämiert. Im Begleitprogramm gibt es Folklore, Inselkäse und Wein.

MAI

Feria Insular de Artesanía, Antigua

Kunsthandwerker vom ganzen Archipel kommen zur großen Messe, umrahmt wird das Programm von Folklorekonzerten, Stockfechten und kanarischem Ringkampf.

JUNI

San Juan

Am Johannisfest werden Feuer entzündet, und »Hexen« tanzen um die Glut; anschließend läutet ein Feuerwerk den Sommer ein. Zugleich Patronatsfest in den Orten Morro Jable, Ajuy, Vallebrón und Tiscamanita.

24. Juni

JULI

San Buenaventura, Betancuria

An diesem Tag wird dem Inselheiligen ein großes Fest bereitet. Die Gläubigen pilgern nach Betancuria, um die Eingliederung der Insel ins spanische Königreich zu feiern.

14. Juli

Nuestra Señora del Carmen

In Corralejo gedenkt man der Schutzpatronin der Seeleute. Die blumengeschmückte Heiligenstatue wird zur Mole getragen, dann mit Musik und Gesang auf ein Boot verladen. Wie eine Königin segelt sie die Küste ab, vom Ufer winken zahlreiche Schaulustige oder schwenken Fahnen. Weitere Festlichkeiten finden in den Küstenorten Morro Jable, Caleta de Fustes und Puerto del Rosario statt.

16. Juli

Windsurfing World Cup

Die Weltelite der Surfer trifft sich an der Playa Barca.

www.rene-egli.com

Vela Latina, Corralejo

Die Segelboot-Regatta findet in der Starkwindphase von Juli bis Oktober am Wochenende statt. »Lateinisches Segel« (»vela latina«) nennt man das riesige Segel, das in krassem Kontrast zum kleinen Boot steht.

AUGUST

Nuestra Señora de la Concepción

Patronatsfeste in Llanos de la Concepción und Tindaya.

15. August

SEPTEMBER

Fiesta de la Virgen de la Peña, Vega de Río Palmas

Die größte Wallfahrt der Insel. Ganz Fuerteventura blickt auf Vega de Río Palmas: Pilger von vielen Orten der Insel strömen zur Figur der Schutzheiligen, tragen sie in einer Prozession zur Felskapelle und und berauschen sich an dem mehrere Tage dauernden Fest.

Dritter Samstag im September

OKTOBER

Fiesta de la Virgen del Rosario

Größtes Patronatsfest der Insel zu Ehren der »Rosenkranzmadonna« in Puerto del Rosario und La Oliva.

7. Oktober

Fiesta Jurada de Tamasite, Tuineje

Man feiert den Sieg über die englischen Piraten in der Schlacht von Tamasite 1740. Mit Pomp und Fantasie wird die Schlacht nachgespielt. Selbst Kamele und Esel sind mit von der Partie.

Um den 13. Oktober

Blues-Festival, Corralejo

In den Gassen der Altstadt trifft sich die internationale Blues-Szene.

www.corralejoblues.com

NOVEMBER

Festival de Cometas, Corralejo 👫

Am Himmel über Corralejos großen Stränden schweben fantastische Drachen in allen Formen und Farben.

Anfang November

Rainbow Fuerteventura, Corralejo 🚩

Ein buntes Spektakel für jedermann und -frau ist die schrille Gay-Parade: Drag-Queen-Auftritte, Openair-Bodypainting, Konzerte und mehr.

Ende November/Anfang Dezember

DEZEMBER

Navidad (Weihnachten)

Vor Beginn der mitternächtlichen Messe an Heiligabend wird auf den Kirchplätzen von Antigua, Pájara und Tiscamanita gesungen und getanzt, die Gäste kommen von der ganzen Insel.

24. Dezember

Hinweis: Die Termine der Heiligenfeste können sich verschieben; oft werden sie auf das vorhergehende oder nachfolgende Wochenende verlegt, damit auch die Verwandten von den Nachbarinseln teilnehmen können.

MIT ALLEN SINNEN
Fuerteventura spüren & erleben

*Reisen – das bedeutet aufregende Gerüche und neue Geschmacks-
erlebnisse, intensive Farben, unbekannte Klänge und unerwartete
Einsichten; denn unterwegs ist Ihr Geist auf besondere Art und
Weise geschärft. Also, lassen Sie sich mit unseren Empfehlungen
auf das Leben vor Ort ein, fordern Sie Ihre Sinne heraus und erleben
Sie Inspiration. Es wird Ihnen unter die Haut gehen!*

◀ »Starlight Destination« (▶ S. 53): Fuerteventura hat fast keine Lichtverschmutzung.

SEHENSWERTES

Sterne zum Greifen nah am Mirador Estelar de Sicasumbre ⚑ D 5

Nicht weit von Pájara befindet sich Fuerteventuras erster Himmels-Aussichtspunkt: Tagsüber sieht man von hier den markanten Cardón-Berg und dahinter das Naturschutzgebiet von Jandía (▶ S. 77). Auf einer Sonnenuhr, die mit Ihrem Schatten spielt, können Sie die Uhrzeit ablesen; eine maßstabsgetreue Silhouette der Berge ermöglicht es, Frühlings- und Herbstbeginn anhand der Sonnenstrahlen zu bestimmen. Zusätzlich wird der Ort durch Skulpturen des Inselkünstlers Juan Miguel Cubas aufgewertet. Doch besonders nach Einbruch der Dunkelheit bietet sich ein ungewöhnliches Spektakel: Im pechschwarzen Himmel sehen Sie eine Fülle leuchtender Planeten. Tafeln erläutern die Sterne am Firmament, und eine Vorrichtung ermöglicht es, ein Teleskop zu befestigen. Wenn Sie einen organisierten Sternen-Trip unternehmen wollen, wenden Sie sich an www.starsbynight.es.
An der Straße FV-605, zwischen Km 11 und 12, kurz hinter dem Weiler Fayagua

ESSEN UND TRINKEN

Inselgenüsse in der Bruderschaft der Fischer

Frischer als beim Fischer geht es nicht: Fuerteventuras »pescadores« haben sich zu Bruderschaften (»cofradías«) zusammengeschlossen, betreiben in gemeinsamer Regie den Verkauf ihrer Ware und unterhalten in Fuerteventuras Hafenorten eigene Restaurants. In Gran Tarajal an der Ostküste werden 70 Prozent des gesamten Fuerte-Fangs angelandet. Ein Teil davon wandert sogleich in die Kochtöpfe des auf der Hafenmole strategisch platzierten Lokals der »Bruderschaft der Fischer«: Tintenfischringe und Mini-Calamares, Garnelen von groß bis klein, Seebarsch, Muräne und andere Köstlichkeiten. Und auch das Lokal im Hafen von Morro Jable ist zu empfehlen, um in kanarisches Alltagsambiente einzutauchen – Kantinen-Charme inklusive.
– La Cofradía: Gran Taraja | Muelle Portuario (Hafenmole) | Tel. 928 16 20 74 | tgl. außer Mi 8–23 Uhr | €–€€ ⚑ E 6
– La Cofradía: Morro Jable | Muelle Pesquero (Hafenmole) | Tel. 928 54 01 79 | Di–So 8–23 Uhr | €–€€ ⚑ B 8

Zur blauen Stunde im Azzurro ⚑ E 2

Zuerst genießt man ein Bad in den Lagunen von El Cotillo (▶ S. 101). Hat man von Sonne und See genug, lockt landeinwärts ein Lokal. Gemütlich sit-

zen kann man auf der Terrasse oder drinnen in einer mediterranen Taverne. Dazu passt die Küche: knackige Calamares, Seehecht in Zitronensauce oder Spaghetti mit Meeresfrüchten.

Besonders schön ist die Stimmung zum Sonnenuntergang, wenn sich die Bucht von El Cotillo mal in flammenden, mal in pastellenen Farben zeigt. Diego, Besitzer des Azzurro, sorgt für ein lockeres Ambiente und heißt Sie auf einen Cocktail oder ein Glas Wein willkommen. Bei Vollmond organisiert er eine große Party, hin und wieder auch Live-Konzerte, bei denen befreundete Musik-Gruppen auftreten.

El Cotillo | Ctra. al Faro | Tel. 928 17 53 60 | Di–So 12.30–22 Uhr | €€

EINKAUFEN

Einkaufen beim Bauern　🌶 D 6

Schmecken Sie Fuerteventura! Die karge Erde bringt eine Fülle von Aromen, ein Destillat aus Sonne, vulkanischen Mineralien und salzigem Meereswind. Auf dem Sonntagsmarkt (**Mercadillo de la Lajita**) im Oasis Park von La Lajita bieten Bauern im Schatten majestätischer Palmen an, was sie geerntet oder hergestellt haben: violett gesprenkelte Kartoffeln, Zitronen und Orangen, Feigen und Granatäpfel, krumme Zucchini und kleine süße Tomaten. Unter dem Namen »Fuertetuno« werden Marmeladen und Liköre aus der vitaminreichen Kaktusfrucht (»tuno«) vertrieben, eine echte Fuerte-Spezialität. Eingelegte Oliven stapeln sich in Gläsern, kalt gepresstes Olivenöl leuchtet aus dekorativen Flaschen. Obstschnäpse, Anisbrot und Ziegenkäse runden das Sortiment ab, vor dem Kauf darf gekostet werden. Auch Kunsthandwerk aus recyceltem und natürlichem Material wird im Direktverkauf angeboten: Holzschnitzereien und Keramik, Stickereien, Web- und Patchworkarbeiten. Das Markttreiben wird von Folkloremusik untermalt, an Gastro-Ständen gibt's Süßes, Pikantes und Wein – sogar von der Insel.

Oasis Park: La Lajita | Ctra, FV-2 Km 57,7 | www.mercaoasispark.com | So 9–13 Uhr

AKTIVITÄTEN

Abendspaziergang an der Promenade　🌶 F 1 und C 8

Was könnte am Abend mehr Urlaubsfreude bereiten als über die autofreie Promenade zu schlendern – ganz nah am Meer, dort, wo Fischerboote ein- und auslaufen? Haben Sie Ihren Stand-

ort im Norden Fuerteventuras, können Sie sich diesen Wunsch zum Beispiel in **Corralejo** (▶ S. 59) erfüllen: Von der Spitze einer kleinen Mole schauen Sie über die Fluten des Atlantiks auf die vorgelagerte Felsinsel Lobos (▶ S. 130). Wenn ein laues Lüftchen weht und die Lokale romantisch beleuchtet sind, macht das Flanieren noch mehr Vergnügen. Sind Sie im Süden untergebracht, können Sie Ähnliches im Fischerdorf **Morro Jable** (▶ S. 76) erleben. Von dort führt die Promenade geradewegs auf eine hohe Sandklippe, wo Sie den Tag unter Palmen ausklingen lassen können.

Drei-Insel-Kreuzfahrt mit dem Glasbodenboot 🚤 F1

Seegraswiesen, die sich in der Strömung wiegen, und Schwärme vorbeiflitzender Fische: Wer möchte nicht einmal auf den Boden des Meeres »abtauchen« und sich wie die Meerjungfrau in Andersens Märchen fühlen? Die größten Bodenfenster hat die in Corralejo startende »Celia Cruz«. Das Schiff hat mehrere Fahrten im Angebot, besonders schön ist die Drei-Insel-Tour: Zunächst geht es durch die Meerenge zu Lanzarotes Paradeständen, den Playas de Papagayo. 50 Meter vor der Küste wird der Anker ausgeworfen, damit die Gäste baden und schnorcheln können. Mit Blick auf die Klippen gibt's Mittagessen, danach geht es weiter zur »Insel der Wölfe« (Isla de Lobos, ▶ S. 130), wo man in Lagunen planschen, an der sandverwehten Küste Muscheln sammeln und an der weißen Playa de las Conchas in die Fluten steigen kann.

Muelle de Corralejo | Tel. 646 53 10 68 | www.islalobos.es (»Excursión a Papagayo«) | 4 Std. inkl. Essen, Taucherbrille und Flossen ca. 45 €

Wandern – so weit die Füße tragen 🚤 B8

Gehen Sie vom Zentrum Morro Jables zum Hafen, stoßen Sie auf einen rechts abzweigenden, markierten Weg: Es handelt sich um die letzte Etappe des roten Fernwanderwegs GR-131, der die Insel von Nord nach Süd quert. Die Etappe führt durch eine versteppte Landschaft mit stetem Meerblick – ein Survival Training der besonderen Art! Der Weg ist leicht, aber lang und schattenlos. Bitte denken Sie für die Tour unbedingt an Kopfbedeckung, Sonnencreme, viel Wasser und Proviant – es gibt unterwegs keine Einkehrmöglichkeit. Bis zur Inselsüdspitze sind es 18,7 km – laufen Sie, so weit Ihre Kraft reicht und kehren um, wenn Sie genug Wüste gesehen haben.

Auch unter den Wasserspiegel des Atlantiks blicken können Urlauber mit dem Glasbodenboot. Touren (▶ S. 55) starten beispielsweise am Hafen von Corralejo.

Toto, ein Dorf nahe Pájara (▶ S. 107) zeigt noch die überlieferte Bauweise der Berber.

FUERTEVENTURA
ERKUNDEN

FERIENZENTREN

Wo die Strände am schönsten sind und das Meer sich sanft und brandungsarm dem Ufer nähert, entstanden die Urlaubsorte Fuerteventuras. Es sind meist ehemalige Fischerdörfer, die sich im Lauf der Zeit in belebte Ferienresorts verwandelt haben.

Wenn man in Mitteleuropa an Fuerteventura denkt, dann meist an die Ferienzentren mit ihren weißen, kilometerlangen Sandstränden, an türkisfarbenes Wasser und leichten Wellenschlag, an Dünen und Lagunen. Nicht zufällig entstanden die größeren Ferienorte an der Ostküste, wo Brandung und Strömung weniger stark ausgeprägt sind und man gefahrlos baden kann. Über die gut ausgebauten Straßen FV-1 und FV-2 sind sie vom Flughafen schnell erreicht – auch er liegt an der Ostküste.

Die Ferienzentren lassen sich geografisch grob unterteilen in Norden, Mitte und Süden: Ganz oben liegt Corralejo, Fuerteventuras internationalstes Ferienzentrum, in dem sich Italiener ebenso wohl fühlen wie Briten und Deutsche, Familien ebenso wie Surfer und Singles. Corralejos großes Plus sind nicht nur die Dünen, sondern auch die Ausflugsmöglichkeiten per Schiff – sei es zur kleinen Insel Lobos oder zur »großen

◀ Surreal: Blick im Abendlicht von Corralejo
(▶ S. 59) zur »Insel der Wölfe« (▶ S. 130).

Schwester« Lanzarote. In der Mitte der Ostküste liegt Costa Caleta mit einem vergleichsweise kleinen Strand und vorwiegend britischem Publikum. Die Halbinsel Jandía, die im Süden wie ein Anhängsel an Fuerteventuras Hauptkörper hängt, bietet viele landschaftliche Attraktionen: Hier ragen Fuerteventuras mächtigste Berge auf, die aus den Passatwolken Feuchtigkeit »kämmen«. An ihrem Fuß erstrecken sich – gut 20 km lang – herrliche Sandstrände zwischen Weiß, Gold und Gelb. Die Resorts des Südens – von Costa Calma über Esquinzo bis Jandía – sind fest in deutscher Hand. Das liegt wohl daran, dass die Halbinsel mehrere Jahrzehnte einem einzigen Deutschen gehörte, der sie ab den 1960er-Jahren stückchenweise an seine Landsleute verkaufte (▶ S. 128).

CORRALEJO ⚑ F1

8000 Einwohner
Ortsplan ▶ Klappe hinten

Das einstige Fischerdorf an der Nordküste hat sich binnen weniger Jahrzehnte in einen quirligen und beliebten Ferienort verwandelt – mit Hafen und Strandpromenade, Surf- und Tauchschulen, Bike- und Trikestationen. Mehr als 30 000 Betten stehen für Urlauber bereit – »zu viele«, sagen vor allem die älteren Ortsbewohner, die sich oft zurücksehnen nach den ruhigen Tagen ihrer Kindheit. In Corralejo gibt es außer den Urlaubern mittlerweile auch viele ausländische Residenten. Allein Italiener machen über 13 Prozent der Bevölkerung aus, weshalb Corralejo gern als »Klein-Italien« bezeichnet wird. Dazu kommen Einwanderer aus Südamerika sowie aus Galicien, Asturien und Andalusien. Viele von ihnen suchten als Lokal- und Geschäftsinhaber, oft auch als Kellner und Angestellte einen Neuanfang.

Hauptgeschäftsstraße ist die **Avenida del Carmen**, ein Boulevard mit einem großen Angebot an Läden, Bars und Bistros. Sie führt geradewegs ins alte Zentrum des Fischerorts, das heute Fußgängern vorbehalten ist. Bei Einheimischen und Ausländern gleichermaßen beliebt ist die **Plaza Felix Estévez**, der von Lokalen gesäumte Platz in der Ortsmitte. Fast jeden Abend sorgen hier Pop- und Folk-Gruppen für Stimmung. Vom Platz führen Gassen zur **Uferpromenade,** Corralejos Filetstück. In Terrassencafés schlürfen Urlauber bunte Cocktails, man schaut zur Mole, wo Ausflugsboote zur 1 km entfernten Felsinsel Lobos (▶ S. 130) starten. Mit den größeren Fähren geht es nach Lanzarote (▶ S. 132).

Folgt man der Uferpromenade südwärts, passiert man mehrere kleinere Strände: erst die **Playa Muelle Chico**, dann die zum Planschen gleichfalls hervorragende **Playa Corralejo Viejo**. Sie geht fast nahtlos in die breitere

Playa La Goleta über, bevor sich hinter einem Felskap der Reigen der Strände fortsetzt. Vor dem Hotel Atlantis Bahía Real liegt die **Playa Las Agujas**, eingerahmt von zwei breiten Molen mit Strandliegen und Beach-Bar. Vom Ende beider Stege lässt sich gut die Küste überblicken. Über die 700 m lange, wenig besuchte **Playa El Médano** gelangt man zu den naturgeschützten **Grandes Playas**, für die Corralejo berühmt ist (5 km, ca. 1 Std.). Für Strandläufer ist dies ein Traumrevier: Die weißen Sandstrände reichen bis zur Montaña Roja, einem 312 m hohen Berg 8 km südlich.

Die meisten Urlauber wohnen in den Apartmentanlagen, die sich südostwärts ans Ortszentrum anschließen. Die am schönsten gelegenen Hotels dürfte es, wenn es nach dem Willen von Naturschützern ginge, gar nicht geben: Die Riu-Anlagen Tres Islas und Oliva Beach wirken wie Fremdkörper in den kilometerweit sich ausdehnenden Dünen von Corralejo. Die Hotels wurden bereits in den 1970er-Jahren gebaut, als die Dünen noch nicht unter Naturschutz standen.

Dem Schutz der herrlichen **Dünen von Corralejo** ⭐ verschwor man sich erst 1982. Zu Recht gelten sie als Hauptattraktion des Nordens. Vom türkisfarbenen Meer wandern sie – durch den Wind angetrieben – landeinwärts und begraben alles, was sich ihnen in den Weg stellt, unter sich: Sträucher, abgestorbene Baumstämme und sogar die nach Puerto del Rosario führende Straße, die alle paar Wochen von Reinigungstrupps freigepflügt werden muss. Der Dünensand stammt nicht, wie gern behauptet wird, von der Sahara,

sondern ist maritimen Ursprungs: In vielen Millionen Jahren hat das Meer die Korallenbänke zerrieben, Muscheln und andere Schalentiere zu feinem Pulver zermahlen. Mittlerweile dehnt sich das Wanderdünengebiet über eine Fläche von 24 qkm aus.

Strandlauf zum »Roten Berg«

Nahe Corralejo tauchen Sie in eine scheinbar unberührte Naturlandschaft ein – an den Grandes Playas entlang in östlicher Richtung durch blendend weißen Sand. Nach gut 3 km können Sie sich am »Eselsstrand« an einer improvisierten Strandbar stärken (▶ S. 12).

ÜBERNACHTEN

Gran Hotel Atlantis Bahía Real
▶ Klappe hinten, südöstl. d 6

Mehr als fünf Sterne – Im Flagschiff der Atlantis-Kette, einem Fünf-Sterne-Plus-Hotel, steigt die spanische Königsfamilie ab, wenn sie auf Fuerteventura ist. Besondere Pluspunkte sind die Küstenlage mit Blick über die Felsinsel Lobos bis nach Lanzarote sowie ein großes, vielseitiges Spa mit einem sich zum Meer hin öffnenden Thermal- und Zirkelbad. Gern würde man hier den ganzen Tag verbringen, wären da nicht die nahen Dünenstrände, zu denen ein Gratis-Bus fährt. Die Küche bietet Exquisites vom Frühstücks- bis zum Abendbüfett, das À-la-carte-Restaurant Cúpula wird vom katalanischen Sterne-Koch Carlos Caig geführt. Die Zimmer sind groß und gemütlich, am schönsten die meerseitigen Räume mit Terrasse. Das Haus ist ein Biosphere Hotel, ausgezeichnet für ökologisches Management.

Av. Grandes Playas s/n | Tel. 9 28 53 64 44 | www.bahiarealresort.com | 170 Zimmer, 72 Suiten | ♿ | €€€€

❶ Ineika

Funktional und preiswert – An die gleichnamige Wellenreitschule angeschlossene Wohnanlage mit Pool, fünf Gehminuten vom Hafen. Vor allem jüngere Leute quartieren sich gern hier ein. Zur Wahl stehen den Gästen Doppel-, Drei- und Vierbettzimmer, außerdem gibt es auch Apartments – auch hier ist die Poolbenutzung inklusive. Außerdem Surfkurse (Wellenreiten oder Stand Up Paddling).

Calle Nuestra Señora del Pilar 3 | Tel. 928 53 57 44 | www.ineika.com | €

Riu Palace Tres Islas

▶ Klappe hinten, südl. e 6

Tolle Lage – Das Komforthotel liegt mitten in den Dünen von Corralejo, dazu ein Garten mit alten Palmen und subtropischer Pool-Landschaft.

Av. Grandes Playas s/n | Tel. 9 28 53 57 00 | www.riu.com | 375 Zimmer | €€€€

ESSEN UND TRINKEN
RESTAURANTS

❷ Dovela ▶ S. 29

❸ La Factoría

Unkompliziert – Das gemütliche Lokal serviert Pizza und Pasta und ist besonders beliebt bei jüngeren Gästen und Surfern. Tische an der Uferpromenade, Blick bis zur Insel Lobos.

Av. Maritima 9 | Tel. 928 53 57 26 | €

Das Gran Hotel Atlantis Bahía Real (▶ S. 60) gilt als eines der besten Häuser auf Fuerteventura. Nicht nur die Lage am Meer, auch das Interieur bringt Urlauber zum Träumen.

So sieht der ideale Ferienabend aus: nach Sonnenuntergang lange draußen sitzen und genießen. Wie hier in Corralejo, im Hintergrund das Restaurant La Factoría (▶ S. 61).

4 Marquesina

An der alten Mole – Traditionsreiches Großlokal, stets gut besucht. Es gibt Fischportionen zum Sattwerden und den Blick aufs Meer gratis dazu.
Muelle Chico | Tel. 928 86 60 18 | tgl. ab 10 Uhr | €€

5 Mesón Tío Bernabé

Große Weinauswahl – Bei »Onkel Bernabé« gibt's Deftiges aus dem Holzkohleofen unter einem offenen Dachstuhl aus Holz, dazu 500 professionell gelagerte Weine aus aller Welt. Preiswertes Tagesmenü.

Calle La Iglesia 9 | Tel. 928 53 58 95 | www.restaurantetiobernabe.com | tgl. ab 12 Uhr | €€

6 La Scarpetta da Mario

Slow Food – Mario aus Parma setzt in seinem Lokal auf Frische und Raffinesse: Die Pasta ist hausgemacht, der Fisch kommt tropffrisch aus dem Meer, Kräuter, Obst und Gemüse stammen vom Markt – und alles wird à la minute zubereitet. Toll sind die Beilagen, die auch eigene Gerichte sein könnten. Die Desserts sind ein Gedicht; es gibt auch Bio-Wein.

Calle Juan de Austria/Ecke Calle Anzuelo (C.C.La Menara 8) | Tel. 928 53 58 87 | Mo–Sa 13–15 und 19–23 Uhr | €€

⑦ Sidrería La Cabaña Asturiana

Meeresfrüchte originell – Von dem Lokal an der Uferpromenade blickt man auf die ein- und auslaufenden Schiffe. Köstlich schmecken hausgemachtes »pastel cabracho« (Fischpastete), wozu Sidra (Cidre) getrunken wird, dann »pulpo a la gallega«, hauchfein aufgeschnittener Tintenfisch, oder das Seeigel-Ragout »revuelto de erizo«. Av. Marítima 3 | Tel. 928 86 75 22 | tgl. außer Mi ab 12 Uhr | €€

⑧ El Sombrero

Erlebnisküche – Das Ambiente ist gepflegt, der Service herzlich. Wem das klassische oder das Käse-Fondue zu kalorienreich ist, der bestellt die Variante »à la chinoise«: Sorgfältig eingerollte Filetstücke werden in leichter Gemüsebrühe gegart, anschließend wird diese mit Sherry abgeschmeckt und als Suppe verzehrt. Gleichfalls begehrt ist der »Sombrero de la Gitana«, der dem Restaurant seinen Namen verlieh: Hier erhält der Gast ein zuckerhutförmiges Gestell, dazu rohes Fleisch, das am Haken befestigt und auf der heißen Platte gebraten wird. Av. Marítima 4 | Tel. 928 86 75 31 | www.restaurante-elsombrero.com | tgl. außer Mi ab 18 Uhr | €€€

EINKAUFEN

Entlang der Hauptstraße von Corralejo reihen sich Einkaufszentren, Läden und Boutiquen aneinander. Im Angebot: die neueste (Sport-)Mode und alles, was man für den Strand braucht.

Der **Wochenmarkt** (▶ Klappe hinten, südl. a 6) mit Waren aus China, verkauft von Afrikanern, findet Donnerstag- und Freitagvormittag von 9–14 Uhr statt. Kunsthandwerk wird dagegen auf dem ⑨ **Markt** am Freitagabend am Paseo de las Artes in der Calle Churruca angeboten. Bei ⑩ **Clean Ocean Project** (▶ S. 36) findet man allerlei Schönes und Nützliches aus Naturstoffen. Beste Adresse für Selbstversorger ist der Supermarkt ⑪ **Hiperdino** in der Calle García Escámez Pizarro s/n.

KULTUR UND UNTERHALTUNG

Auch abends trifft man sich in Corralejo am liebsten draußen: Wer es ruhig mag, lässt den Tag bei einem Glas Wein an der Promenade oder in der Fußgängergasse La Iglesia ausklingen. Laut und meist brechend voll ist die benachbarte Plaza Félix Estévez – Livemusik sorgt stets für gute Stimmung. Die Surfer-Szene trifft sich im Rock-Café im Centro Comercial Zocos an der Avenida del Carmen sowie in den Bars des Centro Comercial Atlántico.

⑫ Kiwi

Beliebter Treffpunkt jüngerer Gäste mit rustikalem Touch und Videoclips. Große Auswahl an Cocktails. Sehr gutes hausgemachtes Eis. C.C. Atlántico, Local 18 | www.kiwibar. es | tgl. ab 17 Uhr

⑬ Waikiki Beach Club

Chill-Out-Location: Mit den Füßen im Sand und Meeresbrise in der Nase lässt man sich Mojitos und Daiquiris schmecken. Manchmal Livemusik. Calle Aristides Hernández Morán 11 | tgl. 9–24 Uhr

SERVICE

AUSKUNFT

Oficina de Turismo ▶ Klappe hinten, d 3

Die Zentrale des Tourismusbüros liegt an der Uferpromenade nahe der Mole, eine Filiale im Hafengebäude.

Muelle Chico/Av. Marítima 2 | Tel. 928 86 62 35 | www.corralejograndesplayas.com

---

Wollen Sie's wagen?

Mitte Oktober finden sich an der kleinen Mole am Dorfstrand von Corralejo Dutzende durchtrainierter Männer und Frauen im Neopren-Anzug ein, manche kommen auch in Badehose oder -anzug. Die Stimmung ist aufgekratzt, geht es doch darum, bei der »Travesía a Nado Isla de Lobos-Fuerteventura« zur kleinen »Insel der Seewölfe« hinüberzuschwimmen und sie zu umrunden – 3,4 km im Freistil bis zur Punta del Marrajo an der Südwestspitze von Lobos. Mitmachen ist wichtiger als Gewinnen!

SPORT

RADFAHREN

Vulcano Biking ▶ Klappe hinten, b/c 4

Hier kann man ab 7 € pro Tag Mountainbikes mieten; auch geführte Touren werden angeboten.

Calle Acorazado España 10 | Tel. 928 53 57 06 | www.vulcano-biking.com

SURFEN UND WELLENREITEN

Flag Beach Windsurf Centre
▶ Klappe hinten, südöstl. d 6

Die Surfschule nördlich vom Hotel Tres Islas bietet Kurse an und dazu auch Unterkunft im sehr einfachen, zentralen Hostel 7 Sol y Mar.

Av. Grandes Playas s/n | Tel. 928 53 55 39 | www.flagbeach.com

Ineika Funcenter ▶ Klappe hinten, d 1

Sechstägige Wellenreitkurse für Anfänger und Fortgeschrittene. Beim Basis-Kurs 1 lernt man, sich aufs Brett zu stellen und durch das Weißwasser einer Welle zu gleiten, beim Basiskurs 2 reitet man bereits den ungebrochenen Teil der Welle ab. Für Anfänger eignen sich die Monate März bis November, für Fortgeschrittene Oktober bis Juni. Auch SUP-Surf-Kurse. Empfehlenswert ist die angeschlossene Unterkunft.

Calle Nuestra Señora del Pilar s/n | Tel. 928 53 57 44 | www.ineika.com

TAUCHEN

Dive Center Corralejo
▶ Klappe hinten, d 1

Das Tauchzentrum bietet Kurse sowie Tauchgänge an der Küste von Lobos.

Calle Nuestra Señora del Pino 22 | Tel. 928 53 59 06 | www.divecentercorralejo.com

WASSERPARK

Wasserpark Baku 👫
▶ Klappe hinten, südl. a 6

Am südlichen Ortseingang gibt es eine Riesen-Wasserrutsche und ein Wellenbad, dazu ein gekentertes Piratenschiff, durch dessen Bullaugen man auf vorbeiziehende Rochen und Engelshaie schaut. Shows mit Seelöwen und Papageien runden das Programm ab.

Av. Nuestra Señora del Carmen 41 | www.bakufuerteventura.com | April–Okt. tgl. 10.30–17.30 Uhr | Eintritt 25 €, erm. 19 €

VERKEHR

AUTOVERMIETUNG

Cicar ▶ **Klappe hinten, f 2**

Groß ist die Konkurrenz der Anbieter an der Haupteinkaufsstraße. Zuletzt war es die Firma Cicar, die die günstigsten Tarife und am besten gewarteten Wagen anbot. Ist der gebuchte Wagentyp nicht verfügbar, gibt's einen besseren zum gleichen Preis. Und passiert etwas unterwegs, so können Sie CICAR rund um die Uhr anrufen – Abhilfe kommt ungehend.

C.C. Atlántico, Local 35, Av. del Carmen s/n | Tel. 902 24 44 44 | www.cicar.com

BUSSE

Busbahnhof ▶ **Klappe hinten, b 2**

Werktags alle 30 Minuten, sonntags stündlich fahren Busse der Linie 06 nach Puerto del Rosario via Parque Holandés. Etwa alle zwei Stunden kommt man mit der Buslinie 08 nach El Cotillo. Der Busbahnhof befindet sich am Westrand der Stadt in der Avenida Juan Carlos I.

www.maxoratabus.com/tiadhe

SCHIFFSVERBINDUNGEN

Hafen ▶ **Klappe hinten, e 2**

Mehrmals täglich starten Fährschiffe der Linien Olsen und Armas (▶ S. 151) vom Hafen von Corralejo und bringen die Passagiere nach Playa Blanca auf der Nachbarinsel Lanzarote. Die Fahrtdauer beträgt zwischen 20 und 35 Minuten. Für Reisende, die für die Überfahrt die Olsen-Linie buchen, kommt noch ein besonderer Service hinzu: Bei Benutzung der Fähre gibt es einen kostenlosen Bustransfer nach Puerto del Carmen. Buchung im Hafen.

Blick von Insel zu Insel: An vielen Stellen des Ferienortes Corralejo (▶ S. 59) hat man eine herrliche Aussicht hinüber zur Nachbarinsel Lobos (▶ S. 130).

COSTA CALETA
(CALETA DE FUSTES) 🏖 F 4

5900 Einwohner
Ortsplan ▶ S. 67

Jahrelang stand der Ort an der Ostküste im Schatten der Ferienzentren im Inselnorden und im Süden. Doch mit der Einweihung zweier 18-Loch-Golf-plätze hat Costa Caleta sein Aschenputtel-Image abgestreift. Imposante Vier- und Fünf-Sterne-Hotels haben den Ort aufgewertet und ihm einen teilweise exklusiven Charakter verschafft. Mit dem Facelifting kam auch ein neuer Name: Statt Caleta de Fustes heißt er nun offiziell Costa Caleta.

Mittelpunkt des Orts ist eine windgeschützte, 800 m lange, sichelförmige Bucht. Sanft fällt der helle Sandstrand zum Meer hin ab, im seichten Wasser können selbst Kleinkinder gefahrlos planschen. Die Bucht wird durch eine Mole vor der Brandung geschützt. In ihrem Schatten liegt der schmucke Jachthafen, in dem Segelschiffe aus aller Welt vor Anker liegen. Hier steht auch die einzige historische Sehenswürdigkeit des Orts: der wuchtige Festungsturm Castillo de San Buenaventura. Vor einigen Jahren hat man dem Castillo ein Pendant zur Seite gestellt: einen Rundturm aus dunklem Lavagestein.

Vom Jachthafen starten Ausflugsschiffe nach Corralejo und Morro Jable, schon seit vielen Jahren bietet eine Tauchschule ihre Dienste an. Im Oceanarium kann man in Aquarien und im Rahmen von Touren Engelshaie, Adler- und Tintenfische sehen. Hinter der alten Festung erstreckt sich die Pool-Landschaft des Barceló Club Castillo, der wie ein traditionelles kanarisches Dorf konzipiert ist. Um einen schattigen Platz sind Cafés, Restaurants und Souvenirshops gruppiert, selbst ein Brunnen fehlt nicht. Dennoch gibt es kritische Stimmen, denen all dies etwas steril erscheint – man spürt eben doch, dass es sich nicht um ein historisch gewachsenes Dorf handelt. Gleich daneben, direkt am Strand, beginnt die lange Kette der Golf, Spa & Beach Resorts, die sich entlang der Bucht bis weit in den Süden erstrecken. Ein schöner Paseo führt zum Einkaufszentrum Atlántico, vor dem eine künstliche Wasserlandschaft mit Strand geschaffen wurde. Wer mag, kann den Spazierweg bis zum Nachbarort Las Salinas verlängern.

SEHENSWERTES

① Castillo de San Buenaventura 🚩

Das Kastell von Costa Caleta wurde 1743 nach einem Angriff englischer Korsaren errichtet. Es sollte Fuertes »weiche Flanke« vor Piratenangriffen schützen, denn Caleta de Fustes war damals einer der drei zentralen Inselhäfen. Die Wände wurden auf sechs Meter aufgestockt und massiv verstärkt, um die Festung auch vor Beschuss durch Kanonen vom Meer aus zu schützen. Die Festung soll bald Besuchern offen stehen.

② Oceanarium 👥

In Meeresaquarien tummeln sich Papageien- und Drückerfische, Gold- und Zahnbrassen, die gefüttert und berührt werden dürfen. Kurios sind die Tintenfische, die beweisen, wie intelligent sie an Nahrung kommen. Anschließend folgt eine einstündige U-Boot-Fahrt, bei der auch ein dressierter

Seelöwe angesteuert wird. Gegen Auf-
preis kann auch eine doppelt so lange
Delfin-Fahrt gebucht werden.

Oceanarium Explorer | Tel. 928 16 35 14 |
erste Ausfahrt tgl. 10.30 Uhr | Ticket 20 €,
erm. 10 €

ÜBERNACHTEN

3 Barceló Club El Castillo

Im Schutz der Festung – Die Anlage
des »Touristendorfs« umfasst fünf
Pools, vier Tennis- und zwei Squash-
courts. Animation wird groß geschrie-
ben, doch gibt es auch ruhige Garten-
ecken. Die Innenausstattung der
Bungalows ist vergleichsweise schlicht.

Av. del Castillo s/n | Tel. 928 16 31 00 |
www.barceloclubelcastillo.com |
382 Bungalows | €€€

Elba Palace Golf   ▶ S. 67, südl. a 3

Clubhotel für Golfer – Die von kanarischer Architektur inspirierte Villa verfügt über Lesezimmer, Pianobar und
Bodega. Nach dem Golfen steigt man
in den Pool oder entspannt sich in der
Sauna. Wer Strandnähe liebt, wählt
zwei einfachere Hotels dieser Kette:
Elba Sara oder Elba Carlota.

Urb. Fuerteventura Golf Club/Ctra. de
Jandía, Km 11 | Tel. 928 16 00 34 | www.
elbapalacegolf.com | 61 Zimmer | €€€€

Sheraton   ▶ S. 67, südl. b 3

Perfekter Service – Das Fünf-Sterne-Haus liegt unmittelbar vor der Strandbucht Playa de Guirra und ist über die Promenade mit dem Ort verbunden. Es bietet sehr guten Service und architektonisch ansprechendes Ambiente. Besonders attraktiv sind die 40 Junior-Suiten mit großer Terrasse und Bad mit runder Jacuzzi-Wanne. Das Spa- und Wellness-Center unter einer Glaskuppel verfügt über Zirkelbad, diverse Saunen, Thermen und Kneippgang.
Ctra. FV-2, Km 11 | Tel. 928 49 51 00 | www.sheraton.com/fuerteventura | 266 Zimmer | ♿ | €€€€

ESSEN UND TRINKEN
RESTAURANTS

❹ Frasquita

Fischlokal mit urigem Ambiente – Ein Relikt aus der Pionierzeit des Tourismus, das nie Konzessionen an den Zeitgeist machte. Das Ambiente ist halb urig, halb kantinenartig, der Fisch stets fangfrisch. Und für gute Stimmung sorgen Antonio und Manuel!
Playa del Castillo | Calle La Aulaga | Tel. 928 56 69 98 | Mo geschl. | €€

La Isla   ▶ S. 67, südl. b 3

Lecker mit Meerblick – Die »Insel« ist über eine Holzbrücke erreichbar. Gegessen wird meist im verglasten Pavillon, draußen sitzt man unterm Bambusschirm und genießt den Meerblick.
Playa de Guirra | Tel. 928 54 76 93 | tgl. 12–23 Uhr | €€

CAFES

❺ Beach Café

Direkt am Meer – Das Lokal besitzt eine verglaste Außenterrasse und befindet sich in bester Strandlage. Waltraud aus Graz, früheren Fuerte-Besuchern vielleicht noch vom Café Mozart bekannt, serviert hausgemachten Kuchen und guten italienischen Kaffee. Wer auf Pikantes steht, bestellt belegte Baguettes oder auch Tortilla und Frikadellen.
Playa del Castillo | tgl. 9–23 Uhr | €

EINKAUFEN

Schmuckläden, Supermärkte und Boutiquen findet man in den Einkaufszentren **Atlántico** (▶ S. 67, südl. a 3) und ❻ **Castillo Centro**. Samstags findet von 9–14 Uhr vor dem C. C. Monte Castillo (▶ S. 67, westl. a 1/2) ein **Markt** (»mercadillo«) statt. Es gibt Kleider und Lederwaren, geschnitzte Masken, Kunsthandwerk und viel Kitsch.

SERVICE
AUSKUNFT

Oficina de Turismo   ▶ S. 67, b 1

Touristeninformation mit engagierten Mitarbeitern, man bekommt aktuelle Broschüren und Ortspläne. Tickets für U-Boot- und Ausflugsfahrten, Sportfischen und Segeltörns werden direkt im Hafen verkauft.
Calle Alcalde Juan Ramón Soto Morales 10 (westl. C.C. Castillo Centro) | Tel. 928 16 32 86 | www.caletadefuste. es | Mo–Fr 9–14 Uhr

SPORT
GOLF

In Costa Caleta finden Freunde des grünen Rasens zwei 18-Loch-Golfplätze mit Clubhaus und Laden. Dazu auch Vermietung von Caddy-Wagen, Buggys und Schlägern für alle, die nicht die eigene Ausrüstung dabei haben:

Einer der beliebten Klassiker im Fischrestaurant Frasquita (▶ S. 68) ist die Paella mit Meeresfrüchten. Die Zutaten werden jeden Tag fangfrisch angeliefert.

Golf Club Fuerteventura

▶ S. 67, südl. b 3

Ctra. FV-2, Km 11 | Tel. 928 16 00 34 | www.fuerteventuragolfclub.com

Golf Club Salinas de Antigua

▶ S. 67, südl. b 3

Crta. FV-2, Km 12 | Tel. 928 87 72 72 | www.salinasgolf.com

TAUCHEN

Centro de Buceo Deep Blue Diving

▶ S. 67, c 3

Puerto del Castillo | Tel. 928 16 37 12 | www.deep-blue-diving.com

VERKEHR

BUSSE

Im Halbstundentakt (So stündl.) fahren Busse von Costa Caleta zum Flughafen und nach Puerto del Rosario.

WELLNESS

Thalaventura ▶ S. 67, b 2

In einem 500 qm großen Meerwasserbecken am Strand unternimmt man eine »Tour« durch Sprudelbäder und massierende Wasserspiele. Außerdem: Hydromassagebad, Schlammpackungen und Massagen.
Sávila 10 | Tel. 928 16 09 61 | So geschl.

COSTA CALMA

 C 7

5500 Einwohner

Ortsplan ▶ S. 71

Der Name des Ferienorts lautet übersetzt »ruhige Küste«. Costa Calma liegt an einer weißen, sandverwehten Landenge, 65 km südlich vom Flughafen. Sein Pluspunkt ist der schöne Strand: Die **Playa Costa Calma** ist auch für Kinder gut geeignet. Bei der Ankunft in Costa Calma wird man durch üppiges Grün überrascht, das in starkem Kontrast zur kargen Landschaft steht. Zu beiden Seiten der Straße hat man einen Palmenwald gepflanzt, der mit recyceltem Wasser gespeist wird. Westlich des Ortes erstrecken sich flach gebaute Apartmentanlagen, östlich Komforthotels auf einem felsigen Hang über dem Strand.

Ein Ortszentrum sucht der Besucher vergebens, und auch eine Meerespromenade zum Flanieren gibt es bislang nicht. Doch wozu braucht man eine Promenade, wenn man zu kilometerlangen Strandspaziergängen aufbrechen kann? Tatsächlich sind die **Playas de Sotavento de Jandía** ⭐, die sich in südlicher Richtung bis Jandía/Morro Jable ausdehnen, eine Piste für Strandläufer par excellence – etwas Vergleichbares kann man auf dem ganzen Archipel nicht finden.

Ein etwa halbstündiger Spaziergang führt vom Ort Costa Calma zur **Playa Barca**, einem Badeparadies ganz besonderer Art: Die lang gestreckte Laguna Playa Barca (▶ S. 13) ist durch eine schmale Nehrung vom offenen Meer abgetrennt. Jenseits der Landzunge, einem High Wind Spot, wo der Passat oft mit einer Stärke von 4 bis 6 Beaufort bläst, tummeln sich – in großem Ab-

stand voneinander – Wind- und Kite-Surfer. Im Juli kommen die wahren Cracks und nehmen an den Titelkämpfen für den World Cup teil.

> **Wieder Kind sein an der Lagune** 2
>
> Bei Ebbe, wenn sich das Wasser an der Playa Barca zurückzieht, verwandelt sich das Ufer in ein riesiges Watt. Bis zur nächsten Flut in zwölf Stunden haben Sie viel Zeit, es zu erkunden. Laufen Sie barfuß und entdecken Sie natürliche Schätze im Sand (▶ S. 13).

Costa Calma ist eine deutsche Erfindung: Ab 1941 gehörte die gesamte, damals fast menschenleere Halbinsel Jandía dem deutschen Militäringenieur Gustav Winter. Ab Ende der 1960er Jahre verkaufte er das Land schrittweise, vorzugsweise an deutsche Landsleute. Darunter war auch der Architekt Wenner, der die ersten Bungalows entwarf und der Küste den werbewirksamen Namen »Costa Calma« verlieh. Allerdings sollten noch Jahre vergehen, bis die touristische Erschließung großen Stils beginnen konnte.

Erst 1984 wurde die Straße, die vom Flughafen in den Süden führt, asphaltiert, zwei Jahre später entstand eine Entsalzungsanlage, die die Wasserversorgung des Ortes sicherstellte. Bis zum Ausbruch der Finanz- und Wirtschaftskrise wurde an Straßen, die gern Avenida Jahn oder Hapag Lloyd heißen, gnadenlos gebaut, immer neue Hotels und Apartmenthäuser wurden aus dem Boden gestampft. Doch vor-

Costa Calma

0   150 m

N

erst ist damit Schluss – es gilt zunächst, das Bestehende in Schuss zu halten.

SEHENSWERTES

Lagune Playa Barca   ▸ S. 71, südl. a 4

Laufen Sie vom Südende des Strandes weiter, wird es am Fuß rötlicher Klip-pen erst eng, nach gut einem Kilometer dann aber sehr weit: Vor der Küste breitet sich eine Riesenlagune aus. Bei Flut flitzen Surfer mit ihren knallbunten Segeln übers Wasser, bei Ebbe entsteht hier eine faszinierende Wattland-schaft (▸ S. 13).

Riesendüne Risco del Paso

Fast berghoch türmen sich diese Riesendünen. Sind Sie auf ihren Scheitelpunkt geklettert, erleben Sie die Welt aus der Vogelperspektive. Und was gibt es dann Schöneres, als sich von oben hinabtreiben zu lassen – laufend oder liegend, allein oder zu zweit (▶ S. 13)?

ÜBERNACHTEN

Best Age Cordial ▶ S. 71, nördl. c 1

Adults only – Zwar liegt das Mittelklassehotel 900 m vom Strand, dafür gibt es mehrmals täglich einen Gratis-Shuttle zur Playa. Inklusive ist auch das Spa mit Feucht- und Trockensauna, Jacuzzi, Kneippanlage und Erlebnisduschen. Ausgesprochen freundlicher Service und obendrein eines der preisgünstigsten Hotels auf der Halbinsel Jandía. Kooperationspartner des Hotels ist das deutschsprachige Arztzentrum Dr. Simoni, das von Entschlackungs- bis zu Anti-Stresskuren viele Therapien anbietet.
Punta Pesebre 6, Urb. Mirador del Río | Tel. 928 87 51 62 | www.cordialcanarias.com | 202 Zimmer | €–€€

Meliá Gorriones ▶ S. 71, südwestl. a 4

An der Lagune – Fantastische Lage, jedoch keine sehr einfallsreiche Architektur: Das achtstöckige Mittelklassehotel mit zwei modernen Dependancen und parkähnlichem Garten liegt 2 km südlich von Costa Calma. Zum Haus gehören vier Pools und zwei Tennis-Hartplätze sowie Mountainbike-Verleih. Ans Hotel ist die Kite-Basis von René Egli angeschlossen, südlich der Lagune befindet sich seine große Windsurf-Station (▶ S. 74).
Playa Barca (Km 69) | Tel. 928 54 70 25 | www.melia.com | 431 Zimmer | €€

R2 Río Calma ▶ S. 25

ESSEN UND TRINKEN

Da viele Besucher Halbpension oder all-inclusive buchen, gibt es in Costa Calma nur wenige gute Restaurants. Diese befinden sich in den Einkaufszentren und der Straße Risco Blanco.

RESTAURANTS

❶ B-Side

Gestylt – Ein flottes Italo-Team serviert in diesem Panoramalokal Klassiker der mediterranen Küche, köstliche Kaffee-Varianten und hausgemachte Desserts. Ab 19 Uhr trifft man sich zu Cocktails, auch open air, freitags und samstags mit DJ. Gratis-WLAN.
C.C. Bahía Calma (1. Stock) | Tel. 9 28 87 64 67 | tgl. 11.30–24 Uhr | €€

❷ El Divino DVN

Gut, aber nicht »göttlich« – Im gemütlichen, kerzenbeleuchteten Lokal Divino (»das Göttliche«) bereitet Andrés Carpaccio, Makrele und Meeresfrüchtesalat, Kompagnon Felipe serviert.
Calle Risco Blanco s/n, Urb. Bahía Calma | Tel. 619 10 33 42 | tgl. außer Di ab 18 Uhr | €€

❸ Galería

Mit windgeschützter Terrasse – Das hell und freundlich eingerichtete Restaurant befindet sich auf Costa Calmas kleiner »Fressgasse«. Die deutschen Besitzer bringen dort in stimmungs-

vollem Rahmen internationale Küchenklassiker auf den Tisch.
Calle Risco Blanco s/n | Tel. 928 87 54 16 | www.restaurant-galeria.com | Di–So ab 18 Uhr | €€€

BARS UND CAFÉS

4 Fuerte Action & 5 Beach House

Lockeres Ambiente – In der mit Korbstühlen und Palmwedeln eingerichteten Café-Bar Fuerte Action treffen sich Fuerte-Residenten, Spanier und Surfer. Es gibt kleine Gerichte und Cocktails, dazu Windsurf- und Kiteboarding-Videos sowie Gratis-WLAN. Im C. C. Botánico befindet sich die Dependance Beach House, die zwar nicht am Strand liegt, mit buntem Design aber gute Laune vermittelt. Angeschlossen ist Fuertes einzige Rösterei (kapè), die importierte Kaffeebohnen veredelt.

C. C. El Palmeral und C. C. Botánico | www.fuerte-action-bar.com, www.beachhouse-fuerteventura.com | tgl. 8.30–1 Uhr | €

EINKAUFEN

Lebensmittel und Zeitungen, Fotozubehör, Kleidung und Schmuck gibt es in den Centros Comerciales. Die einzige **6 deutsche Buchhandlung** der Insel finden Sie im C. C. Costa Calma Arena. Der sonntägliche **7 Flohmarkt** (»mercadillo«) findet von 10–14 Uhr an der Plaza Hapag Lloyd statt.

SERVICE

AUSKUNFT

Oficina de Turismo ▶ S. 71, c 1/2

Info-Stand am nördl. Verkehrskreisel.
FV-2 | Tel. 928 53 08 44 | www.visit fuerteventura.es | Mo–Fr 8.30–14 Uhr

Hier macht der Ferienort Costa Calma (▶ S. 70) seinem Namen alle Ehre: Wer sich am Strand ein paar Schritte vom Trubel entfernt, kann auch eine »Ruhige Küste« erleben.

SPORT

AKTIV ZU LAND UND ZU WASSER

Xtreme ▸ S. 71, b 2

Die Aktiv-Agentur organisiert Trike-
und Bike-, Buggy- und Quad-Touren
(Pkw-Führerschein nötig!), auch Vermietung von Fahr- und Motorrädern.
Vermittelt werden außerdem Bootstou-
ren, Jetski, Wind- und Kite-Surfen sowie geführte Wanderungen.
Calle LTU 3 (Hotel Taro Beach) | Tel. 928
87 56 30 | www.fuerteventura-aktiv.de

TAUCHEN

Fuerte Divers ▸ S. 71, c 1

Die Tauchschule von Simona und Kay-
Uwe, erfahrenen Tauchlehrern, bietet
Kurse für Anfänger und Fortgeschrit-
tene, auch Wrack- und Nachttauchen.
Calle Agustín Millares 2 | Tel. 628 01
77 17 | www.fuertedivers.com

TENNIS

Monica Beach Hotel ▸ S. 71, b 2–3

Das Hotel bietet die größte Auswahl an
Tennisplätzen, hier können auch
Schläger und Bälle ausgeliehen werden.

WIND- UND KITESURFEN, SUP & BUGGY-SEGELN

René Egli ▸ S. 71, südwestl. a 4

Die renommierte Wassersportbasis hat
ihren Sitz im Hotel Meliá Gorriones
(▸ S. 72). VDWS-geprüfte Lehrer geben
Anfänger- und Auffrischungskurse in
Wind- und Kite-Surfen sowie Stand-
Up-Paddle. Verschiedene Boards der
modernsten Generation sowie Neo-
pren-Anzüge können geliehen oder
gekauft werden. Während sich das Ki-
te-Center im Garten des Hotels Meliá
Gorriones befindet, ist das Windsurf-
Center 1 km entfernt am Nordrand der

Wie Astronauten auf Mondausflug: In futuristischen Buggys – und auch per Bike, Trike oder
Quad (▸ S. 74) – kann man die karstigen Küstenlandschaften von Fuerteventura erkunden.

Lagune Playa Barca; ein Shuttle-Bus verbindet die Orte. Aprés-Surf bieten Strandbars an beiden Spots.

VERKEHR

BUSSE

Gute Linienbusverbindungen entlang der Südküste nach Morro Jable sowie nordwärts über Gran Tarajal und Antigua zur Hauptstadt Puerto del Rosario (Haltestellen am Verkehrskreisel).

ESQUINZO/BUTIHONDO

🏳️ B 8

Die aufeinanderfolgenden Strände von Esquinzo und Butihondo zählen zu den **Playas de Sotavento de Jandía** ⭐ und damit zu den schönsten der Insel. Mit durchschnittlich 30 m sind sie relativ schmal, doch liegen sie attraktiv am Fuße hoher Klippen.

An der Playa de Esquinzo sieht man noch die bei Touristen einst so beliebten, vor Wind und Sand schützenden Steinburgen. Südwärts, auf der Höhe des Clubs Magic Life und der beiden Iberostar-Hotels, gehen sie in die Playa del Matorral über. Sonnenschirme und Liegestühle können Sie überall ausleihen, einige Strandlokale sorgen für das leibliche Wohl.

Wer es gemütlich mag, quartiert sich an der nördlichen Bucht von Esquinzo ein. Dort entstanden in den 1980er-Jahren das Marina Playa und andere Apartmenthäuser. Südwärts folgten später der Robinson-Club und eine Reihe komfortabler, doch auch anonymerer Hotelanlagen (Butihondo). Wahrscheinlich wird es nicht mehr lange dauern, bis beide Urbanisationen mit Jandía zu einem einzigen großen Touristenzentrum verschmelzen.

ÜBERNACHTEN

Aldiana Fuerteventura 👫

Sport und Animation – Weitläufige, üppig grüne Anlage im kanarischen Stil auf einer Klippe. Man kann Surfen, Segeln und Tauchen lernen, auf elf Plätzen Tennis spielen. Außerdem gibt es ein Trainingscamp für Golfspieler, Fahrradverleih sowie ein großes Wellnesscenter. Die Disco befindet sich weit weg unterhalb des Amphitheaters. Valle de Butihondo | Tel. 928 54 11 47 | www.aldiana.de | 348 Zimmer | €€€

Magic Life Fuerteventura Imperial 👫

Viel Action – Der Club auf All-inclusive-Basis thront über dem naturbelassenen Sandstrand, zu dem es über Stufen steil hinabgeht. Gegen Aufpreis kann man sich in der »Private Lodge« mit separatem Frühstücksbüfett einmieten. Butihondo | Av. de los Pueblos 1 | Tel. 928 87 36 00 | www.magiclife.com | 688 Zimmer | €€€

Marina Playa 🚩 ▶ S. 24

Robinson Esquinzo Playa 👫

Für Familien – 1991 erbaute Anlage mit Bungalows inmitten von viel Grün. Der Club hat mehrere Pools und Kinderplanschbecken, Sauna und Fitnesscenter. Großer Pluspunkt: das umfangreiche Freizeitangebot für Kinder und Jugendliche. Konkurrenzlos ist auch das Sportangebot mit 13 Quarzsand-Tennisplätzen und einer Surf- und Segelschule. Abends trifft man sich in der Disco oder im Clubtheater. Barranco de Esquinzo | Tel. 928 16 80 00 | www.robinson.com/Esquinzo-Playa | 420 Zimmer | €€€€

ESSEN UND TRINKEN
Marabú ▸ S. 29

Marina Playa

Terrasse hoch über dem Meer – Der Blick reicht über Wellenstaffeln und vorbeifahrende Schiffe bis zum Horizont. Nachmittags gibt's hausgemachten Kuchen, zur blauen Stunde stehen mediterrane Menüs auf der Karte. Besonders köstlich: Seeteufelmedaillons auf Zuckerschoten.

Esquinzo │ Volcán de Vayoyo 10 │ Tel. 928 54 42 18 │ tgl. außer Fr 14–17 und 18–21 Uhr │ €€

JANDÍA/MORRO JABLE

🏖 B 8

7800 Einwohner
Ortsplan Morro Jable ▸ S. 77

Dies ist eine ideale Urlaubsstadt für alle, die weite Strände lieben und sich abends gut unterhalten wollen, eine Kombination aus Ferienresort und ehemaligem Fischerdorf.

Eine breite Straße durchschneidet **Jandía**: An der strandabgewandten Seite reihen sich Hotels und Apartmenthäuser aneinander. Oftmals sind sie terrassenförmig an den Hang gebaut, sodass der Meeresblick auch aus den »hinteren Reihen« gewährleistet ist. Zum Strand, der Teil der **Playas de Sotavento de Jandía** ⭐ ist und in diesem Abschnitt Playa del Matorral heißt, hat man es nicht weit. Allerdings muss man die Hauptstraße kreuzen und dann ein kurzes Stück durch die Salzwiesen des Saladar de Jandía (▸ S. 77) zurücklegen. Sie sind von Tamarisken bewachsen und stehen unter Naturschutz. Die Playa ist hellsandig und über 3 km lang, wunderbar zum Baden

und auch für Kinder bestens geeignet. Man kann segeln, surfen und tauchen, Liegestühle und Sonnenschirme ausleihen. Im Norden geht der Strand in die Playa de Butihondo über; auf dem Weg zu den Clubs Magic Life und Aldiana kann man in Strandlokalen eine Pause einlegen.

Nach Süden zu verbindet eine etwa 2 km lange Strandpromenade Jandía mit dem noch immer gemütlichen Fischerdorf **Morro Jable**. Ältere Besucher erinnern sich an die Zeit, als hier nur wenige Häuser standen, verstreut über die angrenzenden Hügel. Das Ufer, an dem die Männer früher ihre Netze flickten, wurde in eine Gastro-Meile verwandelt, an der sich heute Fischlokale aneinanderreihen. Knoblauchduft weht über die Terrassen, vermischt sich mit der Gischt zu einem Elixier, das hungrig macht auf frische Meeresfrüchte. Und auch landeinwärts sieht es schöner aus, seit die Straßen verkehrsberuhigt wurden.

Eine Felsklippe trennt das Dorf vom emsigen **Hafen**. Täglich fahren von hier Fähren zur Nachbarinsel Gran Canaria, kleinere Boote starten zu Ausflügen. Jenseits des Hafens ist die Welt des Tourismus abrupt zu Ende. Über eine Schotterpiste erreicht man nach 17 km Einsamkeit Puerto de la Cruz (▸ S. 110) fast an der Südwestspitze oder das nördlich gelegene Cofete mit dem »Traumstrand« von Barlovento. Wer wandern will, verlässt die Piste nach 3,2 km auf einem markierten Weg (Schautafel »Red de Caminos«: Wegenetz) nach rechts und quert auf Schusters Rappen das Gebirgsmassiv bis hinüber nach Cofete (▸ S. 99) auf der anderen Seite der Halbinsel.

Morro Jable

0 ————— 150 m

N

SEHENSWERTES

Saladar de Jandía ▶ S. 77, östl. c1

Ein schönes Bild: kristallklares, azurblaues Meer, davor ein weißer Sandstreifen und ein breiter, blassgrüner Saum von Salzwiesen. Nahe der Straße wurde das 15 m lange Skelett eines Pottwals aufgestellt – Symbol für die Gefahren, die der Natur durch menschlichen Eingriff drohen. Nahe am Wal führt ein Holzplankenweg – einer Brücke gleich – über die Salzwiesen zum Leuchtturm. Eine Brücke ist freilich auch nötig, denn bei starker Flut stehen die Wiesen unter Wasser. Das gilt auch für die (seltenen) Tage, wenn sich der **Barranco de Vinamar** nach winterlichem Regen in einen Fluss verwandelt. An die extremen Schwankungen zwischen Trockenheit und Feuchtigkeit, Salz- und Süßwasser haben sich nur wenige Pflanzenspezialisten angepasst. Dazu gehören die Küstenpetersilie und die Meerestraube, die in stark verdickten Blättern Feuchtigkeit speichern. Hört man Rascheln im Gebüsch, kündigt sich eine Fuerteventura-Echse an, vielleicht aber auch die seltene Lautenschildkröte (Dermochelys coriacea), die hier gern Eier legt. Ein Feuchtgebiet dieser Größe (1 Mio. qm) lockt auch **Vögel** an, die im seichten Gewässer leicht Beute machen. Im Winter kommen Seiden- und Graureiher sowie Löffler, leicht zu erkennen am spachtelartigen Schnabel. Ortsfest sind Kanarenschmätzer und -pieper, See- und Kiebitzregenpfeifer. Im Dornengestrüpp am Rand der Salzwiesen hört man zuweilen die Schreie des Kleinen Raubwürgers, der sich bei Nahrungsüberangebot einen Vorrat anlegt: Er spießt seine Beute, kleine Eidechsen und Mäuse, auf Dornen.

ÜBERNACHTEN

In Jandía wohnen die meisten Urlauber in großen Anlagen, in Morro Jable eher in familiären Pensionen und kleinen Apartmenthäusern.

1 Alberto

Klein, aber fein – Terrassenförmige, gut ausgestattete Anlage über den Dächern von Morro Jable. Schwarz-weiß möblierte Apartments auf zwei Ebenen, Sonnenterrasse mit Liegen.

Av. del Faro, parc. 4 | Tel. 928 54 51 09 | www.aptosalberto.com | 16 Apartments | €€

Coronado ▶ S. 24

Faro Jandía ▶ S. 77, östl. c 3

Gutes Preis-Leistungs-Verhältnis – Auf der Höhe des Leuchtturms (»faro«) gelegenes Komforthotel mit schönem Outdoor- und Indoor-Hydro-Massage-Pool, Sauna, Fitness und Tennis. Im hauseigenen Theater finden abends Shows und Musicals statt, die Küche des Hauses verdient höchstes Lob.

Av. del Saladar s/n | Tel. 928 54 50 35 | www.hotelfarojandia.com | 214 Zimmer | €€€

Robinson Jandía Playa ▶ S. 77, östl. c 3

Für Singles und Paare – Der Pionier aller Robinson-Clubs: In bester Lage am kilometerlangen Strand entstand in den 1970er-Jahren das erste Hotel in damals moderner Hochbauweise, später kamen zweigeschossige Patio-Häuser im kanarischen Stil hinzu. Eingebettet ist die Anlage in einen großen subtropischen Garten. Mehrmals täglich gibt es Gourmet-Büfetts mit Frisch- und Naturkost, die jeden Tag variiert werden. Wie man es von Robinson-Clubs gewöhnt ist, speist man nicht in trauter Zweisamkeit, sondern sitzt an großen Tischen, an denen auch andere Gäste Platz nehmen. Anfangs ist dieses Procedere ungewohnt, doch fördert es Bekanntschaften; dazu passt das kommunikative »Du«.

Wie bei Robinson üblich, lässt das Sportangebot kaum einen Wunsch offen – von Gymnastik, Tanz und Aerobic bis zu Tauchen, Segeln und Surfen kann man hier alles lernen bzw. praktizieren. Und wer sich im Urlaub auch kreativ betätigen möchte, übt sich in Seiden- und Textilmalerei.

Av. del Saladar 23 | Tel. 928 16 91 00 | www.robinson.com | 364 Zimmer | €€€€

ESSEN UND TRINKEN

Am Strand von Jandía öffnen tagsüber Beach-Bars mit schneller Küche. Am Abend verlagert sich die Szene an die Promenade von Morro Jable.

RESTAURANTS

Coronado   ▶ S. 77, östl. c 3

Fusion – Das Dinner könnte mit Carpaccio starten, dann geht man über zum Saltimbocca vom Seeteufel, zu »französischen« Riesengarnelen oder

zu Schwertfisch. Zum Abschluss können Sie sich vom Flying Dessert überraschen lassen. Gute Weinkarte mit kanarischen und spanischen Autorenweinen. Man sitzt auf gepolsterten Bänken, wahlweise auf der Terrasse über dem blau schimmernden Pool oder im gemütlichen Innenraum.

Calle El Sol 14 | Tel. 928 54 11 74 | www. restaurantecoronado.es | tgl. außer Mi ab 18 Uhr | €€€

❷ La Farola del Mar

Unkompliziert – Ralf hat die »Meereslaterne«, die sich in Verlängerung der Uferpromenade am Treppenweg Richtung Hafen befindet, zu einem beliebten Treff gemacht. Auf einer Tafel steht angeschrieben, welcher Fisch gerade frisch eingetroffen ist. Und auch das in Speckmantel gewickelte Rinderfilet

Flanieren unterm Blütenschirm: Üppige Bougainvilleen säumen die Strandpromenade von Jandía/Morro Jable (▶ S. 76) – herrlich für einen Morgenspaziergang.

schmeckt köstlich. Von der Terrasse blickt man auf einen durch Felsarme geschützten Mini-Strand. ein angenehmer Platz zum Genießen.

Av. del Mar s/n | Tel. 928 16 71 66 | tgl. ab 12 Uhr | €€

Playa Vista 👫🧍 🚩 ▶ S. 77, östl. c 4

Schon mittags gut besucht – Auf der windgeschützten Terrasse in Strandnähe schmecken nicht nur der Kaffee oder ein kühles Bier, dank Señora Bianka fühlt man sich »wie zu Hause«. Für den kleinen Hunger bereitet Señor Zimsl Süppchen von Kürbis- bis Karottenkokoscreme zu, Salatplatten und Würste von Wiener bis Curry. Unter den Hauptgerichten ist das »Schwabentöpfe« ein absoluter Favorit: im Gusseisenkessel aufeinandergeschichtete hausgemachte Spätzle, darauf Gemüse und Schweinefilet, übergossen mit delikater Pilzsoße.

Plaza Don Carlos | Tel. 928 16 64 60 | tgl. außer So ab 12 Uhr | €–€€

❸ La Strada

Ein gelungener Abend – In diesem Lokal fast an der Promenade kann man stilvoll tafeln: Wie wäre es zum Beispiel mit einem orientalisch-üppigen Vorspeisenteller, gefolgt von Goldbrasse auf Safranreis oder Rinderfilet gefüllt mit Gorgonzola? Und zum Abschluss Zabaione mit einem Schuss Marsala? Die Fischgerichte, versichert Simone, machen schlank, fit und gesund. Die Gäste sollten rechtzeitig kommen, denn schnell sind alle Plätze draußen und drinnen belegt! Sehr gutes Preis-Leistungs-Verhältnis.

Calle San Juan 14 | Tel. 928 16 67 57 | Fr–Mi 18–22 Uhr | €€

❹ Vesubio

Nicht nur zum Sonnenuntergang – In dem beliebten Promenadenlokal sorgt Señor Floro für schmackhafte Pizza und hausgemachte Pasta, Meeresfrüchte und gemischte Fischplatten. Besonders schön sitzen Sie im rundum verglasten ersten Stock mit weitem Meerblick.

Av. Tomás Gran Gurres 13 | Tel. 928 54 03 91 | tgl. 11–22 Uhr | €

❺ Waikiki

Chillig – Besonders einladend wirken die helle Promenadenterrasse und auch die erhöhten »Logenplätze« im Innenraum. Den frischen Fisch können Sie sich in der Vitrine aussuchen. Fleisch wird auf heißem Stein serviert (»carne a la piedra«), sodass es bis zum letzten Bissen warm bleibt. Fragen Sie am Wochenende nach »cabrito fresco«, frisch geschlachtetem Zicklein, das wunderbar zart schmeckt.

Av. del Mar 27 | Tel. 928 54 10 17 | tgl. 12–22 Uhr | €–€€

EINKAUFEN

In Jandía finden sich fast alle Einkaufsläden entlang der Hauptstraße und in den Centros Comerciales, den großen Einkaufs- und Vergnügungszentren. Typisch Kanarisches finden Sie eher in den Läden der Fußgängerstraßen von Morro Jable.

❻ El Cabrito ▶ S. 41

❼ Supermercado Padilla

In dem gut sortierten Supermarkt von Morro Jable finden Sie Fuerte-Käse, Ziegenjoghurt aus Lanzarote, Weine von den Kanaren, Gin aus Teneriffa

(Macaronesian) und natürlich Fisch aus dem Atlantik. Bescheiden ist dagegen das Angebot in der Markthalle (»mercado«).

Bulevar El Timón s/n

KULTUR UND UNTERHALTUNG

Das Nachtleben ist bescheiden, doch immerhin gibt es in den Fußgängergassen von Morro Jable ein paar Cocktailbars und in Jandía Bierkneipen zwischen den Einkaufszentren Cosmo und Jandía. Ansonsten spielt sich das Nachtleben weitgehend in den Hotels ab, die häufig über Pianobars und Tanzsäle verfügen und auch Nicht-Hotelgäste fast jeden Abend mit Shows von Flamenco bis »China-Zirkus« bei Laune halten.

SERVICE

AUSKUNFT

Oficina de Turismo ▶ S. 77, östl. c 3

Im Büro auf der unteren Ebene des Einkaufszentrums Cosmo wird man kompetent beraten.

Shopping Center Jandía, Local 88 | Tel. 9 28 54 07 76 | Mo–Fr 9–14, in der Hochsaison 8–15 Uhr

SPORT

Fuerteventura-Aktiv ▶ S. 77, östl. c 3

Die Agentur vermittelt Bootsausflüge, Quad-, Trike- und Segway-Touren, Kajak-Angeln und mehr.

C. C. Cosmo (Untergeschoss bei der Apotheke) | Tel. 928 87 56 30 (tgl. 9–21 Uhr) | www.fuerteventura-aktiv.de

SEGELN

Segeltouren 🏄‍♂️ ▶ S. 77, westl. c 3

Ein Windjammer startet mehrmals wöchentlich vom Hafen zu Ausflügen

entlang der Küste. Unterwegs wird gegen Mittag der Anker geworfen, und man kann schwimmen, ein Sonnenbad nehmen oder angeln. Ein romantischer Tagesausflug.

Tickets bei Fuerteventura-Aktiv (▶ S. 81) oder am Hafen

TAUCHEN

Centro de Buceo Felix ▶ S. 77, östl. c 3

Neben den Tauchschulen im Robinson Club und im Club Aldiana behauptet sich erfolgreich die Tauchschule Felix.

Av. del Saladar 9 | Tel. 928 54 14 18 | www.tauchen-fuerteventura.com

VERKEHR

AUTOVERMIETUNG

Cicar ▶ S. 77, östl. c 3

Ed. Palm Garden, Local 30, Av. del Saladar s/n | Tel. 928 54 15 77

BUSSE

Busbahnhof ▶ S. 77, c 3 und östl. c 3

Gute Busverbindungen bestehen entlang der Küste nach Costa Calma sowie nach Antigua und Puerto del Rosario. Der Bus startet in der Calle Buenavista in Morro Jable. In Jandía gibt es mehrere Bushaltestellen, z. B. am Stella Canaris Jandía Resort am nördlichen Ortsausgang. Der Busbahnhof befindet sich an der Durchgangsstraße FV-2 oberhalb des Zentrums.

SCHIFFSVERBINDUNGEN

Hafen ▶ S. 77, westl. c 3

Vom Hafen starten täglich Schnellfähren nach Las Palmas de Gran Canaria. Die Fahrzeit zur Nachbarinsel beträgt etwa zwei Stunden.

www.fredolsen.es, www.navieraarmas.com

Im Fokus
Natur & Schutz

Vor über 22 Mio. Jahren erblickte die Insel das Licht der Welt. Unzählige unterseeische Vulkanausbrüche waren nötig, bis sich so viel erkaltete Lava angesammelt hatte, dass sie eine Höhe von 3000 m erreichte und über die Meeresoberfläche hinauswuchs.

Fuerteventura ist mit mehr als 22 Mio. Jahren eine der ältesten Inseln der Welt. Die Hawaii-Inseln etwa zählen »nur« 6 Mio. Jahre. Bei Fuerteventuras Entstehung ist freilich noch bedeutend älteres Gestein aus dem Meeresboden hinaufgeschleudert worden. So wurde an der Westküste der Insel 174 Mio. Jahre alte ozeanische Kissenlava entdeckt.

EIN OFFENES BUCH FÜR GEOLOGEN

Um sich eine Vorstellung von diesem Alter zu machen, muss man sich vergegenwärtigen, dass sich erst kurz davor die Kontinente Afrika und Amerika voneinander getrennt hatten und auseinanderzudriften begannen. An eben dieser Bruchstelle stieg immer wieder Magma aus dem Erdinneren nach oben, erkaltete im Wasser und türmte sich im Lauf der Zeit zu drei Inseln auf, die aufgrund immer neuer Eruptionen zu einer einzigen verschmolzen. So ist Fuerteventura für Geologen ein offenes Buch, in dem sie die Erdgeschichte lesen können. Die Internationale Ver-

◀ Mit der Zeit wird Vulkangestein zu fruchtbarem Boden für ein Blütenmeer.

einigung der Geologiewissenschaften (International Union of Geological Sciences) hat die Insel zu einer der interessantesten Regionen der Welt erklärt. Die UNESCO nahm Fuerteventura ins Programm »Geosites« auf und will künftig alle Funde einem breiten Publikum zugänglich machen.

VULKANISMUS UND EROSION

Kaum war die Insel über die Meeresoberfläche hinausgewachsen, traten die Kräfte der Erosion in Aktion. 22 Mio. Jahre hatten Wind und Wasser bis heute Zeit, alle schroffen Ecken und Kanten abzuschleifen. So präsentieren sich Fuerteventuras Bergbuckel heute sanft geschwungen, dazwischen spannen sich weite Täler und steinige Ebenen. Hier und da ragen die Kegel und Pyramiden späterer Vulkanausbrüche auf – die letzte Eruption ereignete sich vor über 10 000 Jahren im Norden der Insel. Und auch das Meer hat zu Fuerteventuras Aussehen beigetragen. Die Brandung hat die Klippen »abgenagt«, sodass sich an den meist flachen Küsten viel Sand ablagern konnte. Der Wind trug ihn landeinwärts und schichtete ihn zu großen Dünen auf.

PIONIERE DER WÜSTE

Auf Mitteleuropäer, die an Wälder und Wiesen, Bäche und Seen gewöhnt sind, mag Fuerteventuras Halbwüstenlandschaft leblos wirken. Doch ist sie alles andere als tot! Vielmehr gibt es hier einzigartige Biotope: Auf Jandías Salzwiesen (▶ S. 77), die regelmäßig vom Meer überflutet werden, wachsen Pflanzen, die sich optimal an Salzwasser und Starkwind angepasst haben. Gleiches gilt für Las Lagunitas, die Ostseite der Insel Lobos, die bei Starkflut unter Wasser steht.

Mit kargem Boden und extremer Trockenheit kommt auch die Jandía-Wolfsmilch (Euphorbia handiensis) gut zurecht, die nur hier – nirgendwo sonst auf der Welt – gedeiht. Mit ihren dicken, kaktusähnlichen Armen gibt sie ein gutes Inselsymbol ab: ein mächtiges Monument, das der sengenden Sonne trotzt. Auf den Bergspitzen des Jandía-Massivs, das mit seinen über 800 Höhenmetern Passatwolken »anzapfen« kann, entfaltet sich eine ungewöhnliche Flora: Blau blüht der Jandía-Tajinaste (Echium handiense) und weiß die Winter-Margarite (Argyranthemun winteri) – insgesamt wurden sechs Insel-Endemiten gezählt: Pflanzen, die nur auf Fuerteventura wachsen. Und selbst unter den Vögeln gibt es Sonderlinge:

Der rotkehlchenähnliche Kanarenschmätzer (Saxicola dacotiae), am »schmatzenden« Gesang zu erkennen, bleibt Fuerteventura treu – es gibt ihn nur hier. Größer ist die Kragentrappe, ein Steppenvogel, der in seiner langen Isolation auf den Ostinseln eine eigene Unterart ausgebildet hat. Gleiches gilt für den Fuerteventura-Geier, der – wie die Kragentrappe – vom Aussterben bedroht ist und im Rahmen des EU-LIFE-Programms besonders geschützt ist.

UMFANGREICHE SCHUTZMASSNAHMEN LAUFEN

Mit dem Tourismus setzte eine dramatische Umformung – manche würden sagen: Zerstörung – der Küsten Fuerteventuras ein. Ausgerechnet in den schönsten Dünen des Archipels entstanden zwei Hotelklötze: Die beiden Riu-Hotels bei Corralejo sind bis heute ein weithin sichtbarer Schandfleck. Um weitere Großbauten zu verhindern, wurden die Dünen 1982 zum »Parque Natural« (Naturpark) erklärt. Wenig später wies man weitere Reservate aus, um ungewöhnliche Landschaften vor dem Zugriff der Bauindustrie zu bewahren. Unter Schutz stehen Vulkane (Tindaya, Muda, Agua Bueyes, Cardón), Klippenlandschaften und Täler (Cuchillos de la Virgen, Valle de Vallebrón, Malpaís Grande). Im Zentralgebirge bei Betancuria, dessen an die 50 km lange Küstenlinie fast unberührt ist, darf ebenso wenig gebaut werden wie auf Lobos, der Insel der Seewölfe. Ihre Wildheit dürfen auch weite Teile der Halbinsel Jandía bewahren, darunter die Playa de Cofete und die Playa de Barlovento. 2009 ging die Inselregierung noch ein Stück weiter und ließ ganz Fuerteventura von der UNESCO zum Biosphärenreservat erklären.

STERNE ÜBER DER INSEL

2013 erhielt die Insel das Prädikat »Starlight Destination«. Es wird nur Regionen verliehen, in denen ein klarer, schwarzer Nachthimmel die Beobachtung von Planeten möglich macht. Um die Lichtverschmutzung an der Küste einzudämmen, wurde den Ferienorten eine gemäßigte Beleuchtung verordnet. Zur Flüggezeit der Gelbschnabelsturmtaucher, die ihre Nester an Klippen bauen, wird die Strandbeleuchtung für ein paar Tage sogar komplett heruntergefahren. Denn bei seinem ersten (Nacht-) flug orientiert sich der Vogel am Licht der Sterne, künstliche Beleuchtung irritiert ihn so stark, dass er gegen Hindernisse prallt. Selbst wenn er nicht stark verletzt ist, kann er aus eigener Kraft nicht wieder losfliegen, denn für den Start benötigt er zwingend eine Klippe und das Meer (www. fuerteventurabiosfera.es).

Freilich wirken alle Schutzmaßnahmen wie Augenwischerei angesichts der Bedrohung, die von den Erdölbohrungen vor Fuerteventuras Küste ausgeht. Seit 2014 darf der multinationale Konzern Repsol im Verbund mit BP in 3500 m Meerestiefe nach Propangas und Rohöl suchen. Vermutlich lagert dort so viel davon, dass Spanien 10 % seines Energiebedarfs daraus wird decken können und so 25 Mrd. Euro jährlich für Importe sparen kann. Bereits in der Regierungszeit der Sozialisten hatte der Konzern vor den Ostinseln Probebohrungen vornehmen wollen. Damals hatte Spaniens Oberstes Gericht diese aus Umweltschutzgründen abgelehnt. Seit die konservative Partido Popular in Madrid am Ruder sitzt, hat der Repsol-Konzern wieder einen engagierteren Fürsprecher und weiß auch die EU auf seiner Seite. So hat das Brüsseler Parlament 2013 ein Gesetz verabschiedet, das Repsol & Co. von der Haftung bei durch Meeresbohrung ausgelösten Umweltkatastrophen freispricht. Zur Erinnerung: Beim letzten großen Unfall 2010, als eine BP-Erdölplattform im Golf von Mexiko explodierte und sich 800 Mio. Liter Öl ins Meer ergossen, wurden Floridas Küsten auf Jahrzehnte verseucht. Den größten Teil der Säuberungsarbeiten und die wirtschaftlichen Verluste in Fischerei und Tourismus beglichen die Steuerzahler der USA.

ES REGT SICH WIDERSTAND

Auf den Kanaren gibt es ein breites Bündnis gegen die Bohrungen. Laut Umfragen sind 90 % der Kanarier gegen sie, Zehntausende gingen in Großdemonstrationen auf die Straße. Schützenhilfe erhalten sie nicht nur von der Inselregierung Fuerteventuras und Lanzarotes, sondern auch von internationalen Umweltschutzorganisationen wie Greenpeace und Oceana, von Universitäten und sogar Reiseveranstaltern (www.savecanarias. org). Wissenschaftler erinnern daran, dass die Bohrungen in einem Gebiet stattfinden, in dem es regelmäßig kleinere Erdbeben gibt: Schon eine kleine Eruption könnte dazu führen, dass sich große Mengen Öl ins Meer ergießen. Doch auch bei normalem Betrieb einer Plattform tritt immer Öl aus, welches die Meerestiere schädigt. Und da die Kanarier ihr Leitungswasser via Entsalzungsanlagen aus dem Meer beziehen, kann es es gut sein, dass dieses eines Tages Spuren von Öl enthalten wird. Auch das spanische Militär spricht eine Warnung aus. Es weist darauf hin, mit den Erdölplattformen könnten die Kanaren stärker ins Visier afrikanischer Dschihad-Krieger von Al Qaida rücken. Vielleicht hat man auch deshalb auf dem naturgeschützten (!) Pyramidenberg Muda eine Radaranlage installiert, die den Datenverkehr bis hinunter zum Sahel abschöpfen kann.

PUERTO DEL ROSARIO

*Zwar stellt man sich eine »Hauptstadt« wohl etwas anders vor.
Doch mit einer Promenade am Meer, zwei Museen, vielen
Open-Air-Skulpturen und einigen netten verkehrsberuhigten Straßen
lohnt Puerto del Rosario durchaus einen Zwischenstopp.*

Einen historischen Stadtkern sucht man in Puerto del Rosario vergebens. Da ist die lauschige **Plaza de España** an der Uferpromenade, an der Lokale frischen Fisch bieten. Und nahebei gibt es ein paar verwinkelte Sträßchen. Weiter oben wurden rings um die Pfarrkirche Straßen verkehrsberuhigt – gern flanieren hier die Einheimischen. Am meisten los ist freilich im inselgrößten Shoppingzentrum Las Rotondas – Kritiker meinen, es grabe der Stadt das Leben ab. Einen Besuch lohnen das Unamuno-Museum und das Kunstzentrum Juan Ismael. Spaß macht es auch, die vielen Skulpturen anzuschauen, die aus der Stadt eine Open-Air-Galerie machen – mehr als 100 sollen es sein, und jedes Jahr kommen neue hinzu. Früher hieß Fuerteventuras Hauptstadt »Hafen der Ziegen« (Puerto de Cabras) – ein wenig schmeichelhafter Name, der ihren provinziellen Charakter unterstrich. Schiffe liefen ihn vor allem an, um Ziegen als le-

◄ Skulptur einer Riesenmuschel (▶ S. 88)
im Hafen von Puerto del Rosario.

bendigen Proviant an Bord zu nehmen. Dann wurde die Hauptstadt umgetauft in »Hafen des Rosenkranzes« (Puerto del Rosario). Ein Wallfahrtsort ist sie freilich nicht geworden – eher das Gegenteil. Denn als die in der Sahara 1975 aufgelöste Fremdenlegion just hier stationiert wurde, blühten Drogenhandel, Prostitution und Kriminalität. Erst als die Söldner zwanzig Jahre später abzogen, konnte aus Puerto del Rosario allmählich eine normale Stadt werden.

Seitdem wird sie an allen Ecken aufgehübscht. Dies gilt vor allem für den Küstenbereich mit der Uferpromenade, den Molen für Kreuzfahrtschiffe und dem millionenschweren »Kongresspalast am Meer«. Doch auch landeinwärts gibt man sich alle Mühe, die vorhandene historische Substanz aufzuwerten: Straßen und Plätze werden zu Flaniermeilen; Rathaus, Kirche und Regierungspalast wirken wie geleckt. Es gibt ein Nachtleben und eine kleine Kulturszene, mit der **Playa del Pozo** sogar eine Bademöglichkeit. Die meisten Einheimischen zieht es – zumindest am Wochenende – aber hinaus zu den größeren Stränden der Umgebung, der **Playa Blanca** im Süden und der **Playa de Lajas** im Norden. Hier entstanden in Spaniens Boomzeit viele Reihenhäuser, die den Bewohnern mehr Raum bieten als die Wohnungen der Hauptstadt. Im Hinterland von Puerto del Rosario liegt eine von der Sonne ausgeglühte Ebene, die von bis zu 600 m aufragenden Vulkanen begrenzt wird. Außer ein paar Ausflugslokalen hat sie Besuchern wenig zu bieten.

PUERTO DEL ROSARIO

🧭 F3

30 000 Einwohner
Stadtplan ▶ S. 89

🕐 In Puerto del Rosario wird die Siesta noch hochgehalten: Zwischen 13.30 und 17 Uhr, wenn es am heißesten ist (und übrigens auch am Sonntag, wenn die Einheimischen aufs Land oder an den Strand fahren), ist Puerto del Rosario wie leergefegt. Dann hat man bei einem Bummel die Stadt (fast) für sich alleine. Am Abend aber ist hier jede Menge los.

SEHENSWERTES

❶ Iglesia Nuestra Señora del Rosario

Die Namenspatronin der Hauptstadt, die Rosenkranzmadonna, hat in der 1824 erbauten Kirche eine würdige Heimstatt gefunden. Über dem Altarraum, in dem sie in einer Nische thront, spannt sich eine hölzerne Mudéjar-Decke. Ansonsten ist das lichte, hellblau getünchte Kirchenschiff asketisch schlicht.

Plaza de la Iglesia | tagsüber offen

2 Parque Escultórico

»Wie verschönern wir Puerto del Rosario?«, haben sich die Stadtoberen gefragt und eine unkonventionelle Lösung gefunden: Seit 2001 laden sie alljährlich Bildhauer ein, die neue Werke erschaffen. Diese werden anschließend überall in der Stadt aufgestellt. Bummelt man die Uferpromenade entlang, stößt man an der Plaza de España auf das Denkmal »Übersee-Gepäck« (»Equipaje de Ultramar«) des Basken Eduardo Úrculo: An die vielen Kanarier, die in Übersee ihr Glück suchten, erinnern zerbeulte, in Bronze gegossene Koffer. Gegenüber stemmt sich der Torso »Alcalá« von Carlos García Muela dem Meer entgegen, während weiter nördlich der »Seemann« (»El Marinero«) von Emilio Hernández unentwegt aufs Wasser schaut. Auf dem Weg dorthin passiert man ein großes Wasserspiel (»Fuente de la Explanada«), auf dem Amancio González Fuerteventuras einstige »Helden der Arbeit« zeigt: übereinandergestapelte Fischer, Bauern, Hafenarbeiter und ganz oben die Hausfrau. Leichter und luftiger sind die Darstellungen von Riesenmuscheln und Schneckenhäusern (»Las Caracolas«) von Felix Juan Bordes.

MUSEEN UND GALERIEN

3 Casa Museo Unamuno

1924 wurde der Schriftsteller und Philosoph Miguel de Unamuno nach Fuerteventura verbannt. Er hatte die Militärdiktatur Primo de Riveras kritisiert – die Öde Fuerteventuras sollte ihn zur Räson bringen. Doch es kam anders: Unamuno entdeckte den Reiz der Insellandschaft und widmete ihr einige seiner schönsten Sonette. Das ehemalige Hotel Fuerteventura, in dem Unamuno seine Strafe absaß, wurde mit viel Liebe restauriert. Zahlreiche Räume mit antiken Möbeln veranschaulichen, wie das Bürgertum einst lebte. Dazwischen sieht man Fotofien von Fuerteventura und Tafeln mit Zitaten des Schriftstellers – Letztere allerdings nur in spanischer Sprache.

Calle Virgen del Rosario 11 | Mo–Fr 9–14 Uhr | Eintritt frei

Centro de Arte Juan Ismael

▶ S. 89, östl. c 1

Ein Kinopalast wurde in ein Zentrum für moderne Kunst verwandelt. Benannt ist es nach dem aus Fuerteventura stammenden, international bekannten Surrealisten Juan Ismael. In weißen Sälen werden seine Werke gezeigt, dazu wechselnde Ausstellungen zeitgenössischer Kunst. Im Museumsshop gibt's ausgefallene Geschenkartikel.

Almirante Lallermand 30 | Di–Sa 10–13.30 und 17–21 Uhr | Eintritt frei

ÜBERNACHTEN

4 JM Puerto Rosario

Business-Ambiente – Das neunstöckige Haus an der Avenida Marítima ist bei Geschäftsleuten die erste Adresse vor Ort. Alle Zimmer sind mit Marmorbad und Satelliten-TV ausgestattet. Je höher man wohnt, desto schöner ist der Ausblick.

Av. Ruperto González Negrín 9 | Tel. 928 85 94 64 | www.jmhoteles.com | 88 Zimmer | €€€

5 Roque Mar

Gepflegte Pension – Alle Zimmer in der vierstöckigen Pension an der Uferstraße von Puerto del Rosario verfügen

über ein eigenes Bad, einige haben dazu auch noch einen schönen Ausblick aufs Meer.

Av. Ruperto González Negrín 1 | Tel. 928 85 03 59 | 14 Zimmer | €€

ESSEN UND TRINKEN

6 Freiduría El Tino

Frischer Fisch – Bei Señor Tino schmeckt alles, was aus dem Meer kommt, köstlich. Die Ware ist frisch, die Zubereitung einfach, und das lockere Ambiente auf der Terrasse gefällt Einheimischen und Besuchern.

Av. Reyes de España | Tel. 928 53 05 58 | tgl. 7–24 Uhr | €€

7 La Terraza del Muelle

Leckere Tapas – Das Lokal an der Avenida Marítima gewann schon mehrfach Preise beim »Concurso Gastronómico de Fuerteventura«, einem Gastronomiewettbewerb. Schlemmermäuler sollten das achtgängige Degustationsmenü probieren.

Calle Los Pozos/Ecke Guadiana | Tel. 928 86 16 35 | ab 12 Uhr | €–€€

EINKAUFEN

Haupteinkaufsstraße ist die verkehrsberuhigte Calle Primero de Mayo mit Terrassenlokalen und vielen Läden. Am liebsten aber kaufen die Hauptstädter in großen Einkaufszentren ein, die mit ihrem Mix aus Bistros, Cafés, Läden und Boutiquen die vielfältigsten Bedürfnisse der Konsumenten befriedigen. Zu den besten gehört **8** **C. C. Las Rotondas** am südlichen Ortseingang (Calle Francisco Pi y Arsuaga 2).

9 Productos de Fuerteventura 🚩
▶ S. 40

KULTUR UND UNTERHALTUNG

Abends, wenn die Inselbewohner von ihrem Arbeitsplatz in den Ferienzentren heimkehren, erwacht die Stadt aus dem Dornröschenschlaf. Die Nacht gerät meist lang und dauert bis in die frühen Morgenstunden: Die Musikkneipen füllen sich erst nach 22 Uhr, Clubs und die Discos werden freitags und samstags meist erst nach Mitternacht aufgesucht.

Auditorio Insular   ▶ S. 89, nördl. b 1
Gastspiele spanischer Theatergruppen, manchmal auch Folklore und Zarzuela. Klassikfreunde freuen sich, wenn im Januar Konzerte im Rahmen des Kanarischen Musikfestivals stattfinden.
Av. 1 de Mayo/Ecke Ramiro de Maeztu | Tel. 928 53 21 86

SERVICE

AUSKUNFT

Bei beiden Informationsstellen in der Stadt erhalten Touristen im Großen und Ganzen die gleichen Broschüren:

Patronato de Turismo   ▶ S. 89, c 1
Tourismusamt der Insel.
Almirante Lallermand 1 | Tel. 928 53 08 44 | www.visitfuerteventura.com | Mo–Fr 8–15 Uhr

Oficina de Turismo Municipal
                    ▶ S. 89, c 1
Tourismusinformation der Gemeinde Puerto del Rosario.
Av. Marítima s/n | Tel. 928 85 01 10 | www.turismo-puertodelrosario.org | Mo–Fr 9–14, Sa 10–13 Uhr

VERKEHR

AUTOVERMIETUNG

CICAR   ▶ S. 89, westl. a 3
Bewährte Verleihfirma, die Interessenten mit einem Büro in der Ankunftshalle des Flughafens erwartet.
Aeropuerto | Reservierung Tel. 928 82 29 00 (englischsprachiges Personal)

BUSSE

Busbahnhof   ▶ S. 89, nördl. a 1
Der Busbahnhof der Inselhauptstadt befindet sich in nördlicher Verlängerung der Avenida de la Constitución. Gute Busverbindungen gibt es zum Flughafen, nach Costa Caleta, zu allen Orten entlang der Südküste sowie nach Corralejo und El Cotillo im Norden.

Ziele in der Umgebung

◎ **LA ASOMADA**   🏖 F 3
420 Einwohner
Fährt man auf der FV-20 landeinwärts und biegt bei Km 3,3 rechts in Richtung La Asomada ab, kommt man in verstepptes, ockerfarbenes Bergland. Die verschlafene Streusiedlung wäre keine Erwähnung wert, gäbe es nicht das Ausflugslokal **La Casa del Jamón** (»Haus des Schinkens«). Am Wochenende kommen viele Gäste, um sich iberischen Wildschweinschinken und Ziegenkäse, Lamm- und Ziegenfleisch schmecken zu lassen. Viele Zutaten sind von Brendas und Gerardos Hof.

Allein schon wegen seiner restaurierten Windmühle ist das Fischerdorf Puerto Lajas (▶ S. 91) einen Besuch wert. Außerdem hat das Dorf einen Strand mit dunklem Lavasand.

Casa de Jamón: La Asomada 27 |
Tel. 928 11 11 01 | Di–So 13.30–23 Uhr | €€
7 km westl. von Puerto del Rosario

Unterkünfte auf der Insel. Nun ist der Parador schon seit Jahren geschlossen.
3 km südl. von Puerto del Rosario

◎ PLAYA BLANCA ⚐ F 4

Südlich von Puerto del Rosario liegt der gut 500 m lange »Weiße Strand«. Er wäre eine perfekte Ferienoase, gäbe es da nicht die vielen Flugzeuge im Landeanflug. Der nahe Flughafen ist vor allem dem ehemaligen Parador zum Verhängnis geworden: Das staatliche Vorzeigehotel, in den 1950er-Jahren halb als Wüstenkarawanserei, halb als Gutshof entworfen, war eine der ersten

◎ PUERTO LAJAS ⚐ F 3
930 Einwohner

In dem nördlich von Puerto del Rosario liegenden Fischerdorf leben Hauptstädter, die den 700 m langen, dunkelsandigen Strand schätzen. Hier liegen einige Boote, die ein paar Fischlokale beliefern. Landmarke von Puerto Lajas ist eine restaurierte Mühle, die einsam auf dem Küstenplateau steht.
5 km nördl. von Puerto del Rosario

SEHENSWERTE ORTE

Ob Fischerorte an der Küste oder Bauerndörfer im Landesinnern, Palmenoasen, Täler oder Berge – abseits der Ferienzentren entdecken Sie ein oft noch archaisches Fuerteventura, das seinem Namen »starkes Abenteuer« gerecht wird.

Wer Fuerteventura mit etwas Muße erkundet, sieht weiße Klippen bei Ajuy und schwarze Lavafelder bei Pozo Negro, wilde Buchten in La Pared und Lagunenstrände in El Cotillo, dazwischen stille Bauerndörfer und Gemeinden, Wallfahrtskapellen und hin und wieder ein unkonventionelles Museum. 120 km misst die Insel von der Nord- bis zur Südspitze und an ihrer breitesten Stelle 31 km – da sind beachtliche Strecken zurückzulegen. Die alphabetische Reihenfolge soll Ihnen helfen, die sehenswerten Orte rasch aufzufinden.

Fuerteventura mag eine Wüste sein, aber die Insel überrascht dennoch durch landschaftliche Vielfalt. Im hohen Norden liegt eine weite Ebene, aus der monumentale Vulkankegel in schöner Symmetrie aufragen – mal rot, mal braun oder gelb. Südlich von La Oliva verdichten sich die Vulkane zu einem bis zu 700 m hohen Gebirge, das in einer weiten Zentral-

◀ Ein steiniger Pfad führt durch die Klippen
zu den Höhlen von Ajuy (▶ S. 93).

ebene rings um Antigua ausklingt. Im Osten schieben sich schroffe Gebirgszüge Richtung Meer. Zwischen ihnen liegen Kerbtäler voller erstarrter Lava, deren einziges Lebenszeichen bis heute herumstreifende Ziegen sind. Ganz anders sieht es im Westen aus, wo ockerfarbene, sanft geformte Buckel – auch sie bis zu 724 m hoch – ein harmonisches Bild abgeben. In manch einem Tal ist es hier erstaunlich grün. So gibt es bei Betancuria, der alten Inselhauptstadt, Palmenoasen, terrassierte Felder und sogar einen kleinen Stausee. Noch weiter südlich trennen die gleißend hellen Sandfelder auf der Landenge von La Pared den Inselhauptkörper von der sichelförmigen Halbinsel Jandía. Steil ragt hier das gleichnamige Gebirgsmassiv auf, gekrönt vom Pico de la Zarza, dem 807 m hohen Dornbuschgipfel. Ringsum wird die Halbinsel von herrlichen Sandstränden gesäumt, die an der Nordseite völlig unberührt, an der Südseite touristisch erschlossen sind.

AJUY 🏴 D 4

100 Einwohner

Der Fischerort an der rauen Westküste Fuerteventuras ist von Pájara (▶ S. 107) aus über die 10 km lange Stichstraße FV-621 erreichbar. Hier landeten im Jahr 1402 die Truppen Jean de Béthencourts, um die Eroberung der Kanareninsel in Angriff zu nehmen. Später wurde ein kleiner Hafen angelegt, den die Bewohner so manches Mal gegen Piratenübergriffe verteidigen mussten. Einfache Häuser säumen bis heute die schwarzsandige Bucht, bunte Boote liegen in der Sonne. Idyllisch und friedlich wirkt die Kulisse und ruhig das Meer. Dennoch sollte man aufs Baden verzichten: Der tückische Sog zog schon viele gute Schwimmer aufs Meer hinaus – nicht umsonst trägt der Strand den Namen Playa de los Muertos (»Strand der Toten«).

🕐 Zum Sonnenuntergang, wenn die letzten Strahlen geradewegs in die Bucht leuchten, bietet sich in Ajuy ein besonders romantisches Bild.

SEHENSWERTES

Küste von Ajuy

Vom Nordende der Bucht von Ajuy führt ein rampenartiger Weg zur Abbruchkante hinauf, wo er sich als breiter, geländergesicherter Klippenweg fortsetzt. Im weichen, gleißend hellen Gestein kann man fossile Korallen und Schneckenhäuser erkennen. Die 120 Mio. Jahre alten Kreidesedimente, die bei Vulkanausbrüchen aus dem Atlantikboden emporgeschleudert wurden, stehen unter Naturschutz. Ausgewaschen vom Meer sind auch die gewaltigen **Höhlen von Ajuy**, zu denen man nach knapp 1 km hinabsteigen kann: groß und dunkel wie eine Kirche, mit einem »Fenster« zum kleinen Hafen **Caleta Negra**. Auf dem Rückweg lohnt zunächst ein kurzer Abstecher nach links hoch zum **Mirador** mit Blick über den Hafen. Später – kurz vor dem Rampenweg zum Strand von Ajuy – kann man nach rechts zu den Resten ehemaliger Kalköfen hinabsteigen: In zwölf Meter tiefen Schächten wurde das weiße Gestein gebrannt – es war als Fassadenfarbe begehrt (5 Min.). Wer die Küste ausgiebiger erkunden will, kann auch zu einem natürlichen, 20 m hohen Felstor (Peña Horadada) an der Mündung des **Barranco de la Peña** laufen: Vom Mirador (s. o.) geht es ein Stück zurück, dann an einem Flachbau links hoch und oberhalb des kleinen Hafens Caleta Negra parallel zur Küste weiter. Anschließend schwenkt der Weg landeinwärts und mündet in eine Piste, auf der es nordwärts in den Barranco de la Peña geht. In der Schlucht wendet man sich nach links und stößt wenig später auf das Felstor oberhalb einer kleinen Kiesbucht (Spaziergang hin und zurück etwa 90 Min.).

ESSEN UND TRINKEN

Cuevas de Ajuy

Nicht nur Fisch – Señora Imma kauft am liebsten bei den Dorffischern und bei Kleinbauern ein. Nach alten Familienrezepten bereitet sie Ziegenfleisch-Ragout (»carne de cabra al estilo de Imma«) zu – so zart, dass es auf der Zunge zergeht. Vorneweg gibt es milde »Mojo«-Saucen und zum Nachtisch ein flanähnliches Dessert aus frischem Ziegenkäse (»maripopa«).

Av. de los Barqueros s/n | Tel. 928 16 17 20 | tgl. 9–18 Uhr | €€

ANTIGUA

E 4

3000 Einwohner

Das stille Städtchen liegt am Schnittpunkt wichtiger Straßen und markiert fast genau die Inselmitte. Dominiert wird es von der schmucken Kirche aus dem Jahr 1785. In ihrem Schatten wurde eine attraktive, von Palmen beschattete Plaza angelegt. Dort liegt auch die Bar Plaza, ein uriger Treff der einheimischen Männerwelt. Wie der Name andeutet, ist Antigua einer der ältesten Orte auf Fuerteventura. Schon im 15. Jh. ließen sich andalusische Siedler hier nieder. In der weiten, fruchtbaren Ebene wurde vor allem Getreide angebaut, zahlreiche Mühlen erinnern noch heute daran. 1834, als die Landwirtschaft florierte, war Antigua für ein Jahr Inselhauptstadt.

SEHENSWERTES

Biblioteca

Das Anwesen eines Großbauern wurde restauriert und in eine Bibliothek verwandelt: romantische Innenhöfe, schöne Säle und originelle Toiletten können besucht werden.

An der Kirche, Eintritt frei

Molino de Antigua

Eine prachtvolle Mühle wurde zum Mittelpunkt eines Freilichtmuseums. Die alten Bauernhäuser ringsum beherbergen einen Kunsthandwerkladen sowie eine interessante Ethno- und Archäologieausstellung. In neuen Museo del Queso (▶ S. 95) wird Fuerteventuras jahrtausendealte Molkereiwirtschaft vorgestellt.

Carretera a Puerto del Rosario (FV-20, Km 21) | Tel. 928 87 80 49 | Di–Sa 10–18 Uhr | Eintritt 2 €

MUSEEN UND GALERIEN

Museo del Queso 🚩

Fuerteventuras traditionelle Molkereiwirtschaft (▶ S. 30) wird im neu eingeweihten Käsemuseum greifbar. Hier erfährt man, welche Ziegenarten es auf der Insel gibt, warum die Qualität der Fuerte-Milch so besonders ist und wie die diversen Käsesorten entstehen. Auch neue Produkte der Insel sowie die Herstellung von Rahm und Ziegenjoghurt können die Besucher hier kennenlernen.

Molino de Antigua | Di–Sa 10–18 Uhr | Eintritt 2 €

ÜBERNACHTEN

Finca Era de la Corte

Ruhig und stilvoll – Ideal für Urlauber, die eine attraktive Alternative zum Trubel in den Küstenorten suchen. Das restaurierte, festungsartige Landhaus aus dem 19. Jh. liegt 1 km südöstlich des Ortszentrums. Es bietet rustikale, mit antiken Möbeln eingerichtete Zimmer, einen Innenhof mit Leseraum sowie einen Garten mit zwei kleinen Pools. Das kräftige Frühstück wird auf der überdachten Außenterrasse eingenommen, das Dinner wird den Gästen im eleganten Esszimmer serviert.

La Corte 1 | Tel. 928 87 87 05 | www. eradelacorte.com | 11 Zimmer | €€

BETANCURIA ⭐   🏝 D 4

600 Einwohner

Der schönste Ort Fuerteventuras verdankt seinen Namen dem Konquistador Béthencourt, der hier 1405 den Grundstein zur ersten Inselhauptstadt legte. Der Boden war fruchtbar und dank seiner küstenfernen Lage vor Pi-

Hinter dem schlichten Namen »Biblioteca« (▶ S. 94) verbirgt sich in Antigua ein Kleinod der Inselgeschichte: das wunderschön restaurierte Anwesen eines Großbauern.

ratenangriffen relativ sicher. Erst 1834 büßte Betancuria seinen Rang als Hauptstadt ein, das wirtschaftliche Zentrum der Insel hatte sich an die Ostküste verlagert. Der Schriftsteller Miguel de Unamuno erlebte den Ort 1924 als »… eine weiß getünchte Grabstätte nach einem vollendeten Leben«. Noch heute beschleicht den Besucher das Gefühl, in dem 600-Seelen-Dorf sei die Zeit lange schon stehen geblieben. Schmale Kopfsteinpflastergassen führen zur ehemaligen Kathedrale hinauf, die von etwas verblichenen, doch ehrwürdigen Herrenhäusern gesäumt ist. Tagsüber lockt Betancuria zahlreiche Tagesausflügler an, doch schon am frühen Abend ist das Dorf menschenleer. Wenn es nach dem Willen des Bürgermeisters geht, soll sich dies jedoch dank der Förderung von »Turismo Rural« (ländlichem Tourismus ▶ S. 23) bald ändern.

🕐 Wenn die Karawane der Tagesausflügler abgezogen ist – etwa um 18 Uhr – versinkt Betancuria in einen Dornröschenschlaf: Läden und Lokale schließen, man genießt paradiesische Ruhe.

SEHENSWERTES

Catedral de Santa María

Die festungsartige Kathedrale der heiligen Maria hat eine interessante, wechselhafte Geschichte: Kurz nach der Conquista errichtet, wurden in ihr die zwangschristianisierten Inselkönige getauft. Im Jahr 1424 wurde die Kirche von Papst Martin IV. zur ersten kanarischen Kathedrale erkoren, 1593 von Gefolgsleuten des Piraten Arráez zerstört. Nach dem Wiederaufbau im 17. Jh. erhielt der dreischiffige Bau einen barocken Hauptaltar mit aus-

drucksstarker Christusfigur, überspannt von einer bemerkenswerten Holzdecke im Mudéjar-Stil.

Plaza Santa Maria | So nur zur Messe geöffnet

Convento Franciscano de San Buenaventura

Monumentale Ruinen zeugen noch heute von der gotischen Kirche, die hier im 15. Jh. entstand. Sieben Missionare sollen das notwendige Baumaterial auf ihren Schultern zusammengetragen haben, um die erste Klosterkirche des spanischen Kolonialreichs zu errichten. Nach der Auflösung des Ordens 1837 ist die Kirche allmählich verfallen. Erhalten geblieben ist nur eine kleine Wallfahrtskapelle zu Ehren San Diegos, Fuerteventuras einzigem Heiligen, der hier im 15. Jh. gelebt hat.

Am nördlichen Ortsausgang

El Pozo

Etwas versteckt steht in Betancuria ein archaischer restaurierter Schöpfbrunnen (»el pozo«) inmitten eines Schilfhains – ein schöner, ländlicher Flecken. Um ihn zu finden, geht man vom Zentrum Betancurias auf der Durchgangsstraße hinab (Richtung Vega de Río Palmas) und biegt ein paar Schritte hinter dem Restaurant Valtarajal links in einen steingepflasterten Weg ein. Hier startet übrigens der Wanderweg nach Antigua.

MUSEEN UND GALERIEN

Casa Santa María 🧍‍♂️

Auch Museumsmuffel könnten an Santa María in Betancuria Gefallen finden: In einem liebevoll restaurierten Herrenhaus gegenüber der Kathedrale fin-

Die Catedral de Santa María (▶ S. 96), einst die erste Kathedrale der Kanaren, strahlt heute mit weiß getünchten Mauern und Blumenschmuck eine Menge Charme aus.

det man nicht nur eine Bodega und ein Restaurant, sondern auch Werkstätten, in denen auf traditionelle Art gewebt und gestickt, getöpfert und geschnitzt wird. Wer sich auf eine Reise durch die Natur und Geschichte Fuerteventuras entführen lassen will, besucht die 20-minütige, wirklich gut gemachte Multivisionsshow (halbstündlich 11 bis 15.30 Uhr). Diese stellt unter vielen anderen Aspekten auch das Unterwasserleben vor Fuerteventuras Küsten in 3-D-Qualität vor. Ein reich bestückter Laden bietet außer Kunsthandwerk auch allerlei Kulinarisches.

Plaza Santa Maria 1 | www.casasanta maria.net | tgl. außer So 11–15.30 Uhr | Eintritt 6 €, Kinder frei

Museo Arqueológico y Etnográfico de Betancuria

Das Stadtmuseum in einem historischen Adelspalast präsentiert eine Sammlung prähispanischer Keramikfunde. Interessantestes Ausstellungsstück ist das Skelett einer altkanarischen Frau aus dem 14. Jh.

Calle Roberto Roldán 12 | www.ayto betancuria.org | Di–Sa 10–18 Uhr | Eintritt 2 €

ÜBERNACHTEN

Princess Arminda

Traditionsreich – Das historische Haus aus dem 17. Jh. liegt oberhalb der Kirche von Betancuria und gehört seit fünf Generationen der Familie González Dumpiérrez. Deren jüngster Spross Juan hat es in ein Mini-Hotel mit Tapas-Lokal verwandelt – urig eingerichtet mit zahlreichen Antiquitäten. Die Zimmer verteilen sich um einen Innenhof, von dem auch die historische Küche und ein Aufenthaltsraum abgehen. Die Gäste werden mit einem hübschen Garten, einem Pool und herrlichem Panoramablick verwöhnt.
Calle Juan de Béthencourt 2 | Tel. 928 87 89 79 | www.princessarminda.com | 6 Zimmer | €€€

ESSEN UND TRINKEN

An der Durchgangsstraße von Betancuria gibt es ein paar Terrassenlokale, die Snacks anbieten. Besser isst man jedoch in den Lokalen der Seitengassen. Von hervorragender Qualität und hoch prämiert ist der Ziegenkäse aus Betancuria, hergestellt von zwei Käsereien vor Ort (Granja Las Alcaravaneras und La Villa).

Bodegón Don Carmelo

Tapas – Deftige Tapas zu vernünftigem Preis werden in diesem hübschen historischen Haus zwischen Durchgangsstraße und Kirche serviert. Man sitzt und schlemmt in kleinen, rustikalen Räumen, die mit Originalstücken von anno dazumal eingerichtet sind.
Calle Alcalde Carmelo Silvera 4 | Tel. 928 87 83 91 | tgl. 10–18 Uhr | €€

Casa Santa María ▶ S. 28

EINKAUFEN

Tienda de Artesanía (Centro de Artesanía) ▶ S. 41

Ziel in der Umgebung

◎ MIRADOR MORRO VELOSA

E 4

An der FV-30 und nahe dem Denkmal zu Ehren der altkanarischen Herrscher Guize und Ayoze am Mirador de la Degollada de la Villa (▶ S. 14) zweigt eine Straße zu einem herrlichen Aussichtspunkt ab. Auf dem Gipfelplateau des 675 m hohen Morro Velosa wurde nach Entwürfen des legendären, vor allem auf Lanzarote tätigen Architekten César Manrique ein festungsartiger Bau geschaffen, von dem aus man den halben Archipel überblickt. Wie eine ausgebreitete Landkarte liegt einem die Insel Fuerteventura zu Füßen – von den weich gewellten Bergen des Betancuria-Massivs im Westen über die weiten Täler von Santa Inés bis zu den schmalen Cuchillos-Flanken im Osten geht der Blick. Bei gutem Wetter reicht die Sicht sogar bis zu den benachbarten Schwesterinseln Lanzarote, Gran Canaria und Teneriffa.
3 km nordöstl. von Betancuria (FV-30, Km 12,2)

Das Licht von Mafasca erleben

4

Einer Legende zufolge geistert ein seltsames Licht über die Ebene von Antigua und es heißt, man könne es in der Dämmerung wandern sehen. Die beste Chance dazu bietet sich vom knapp 600 m hohen Mirador de la Degollada de la Villa (▶ S. 14).

CASILLAS DEL ÁNGEL   E3

520 Einwohner

Der Wallfahrtsort liegt an der Straße nach Antigua, 11 km westlich von Puerto del Rosario (▶ S. 86). Hübsch ist die Dorfkirche (1781) mit einem Glockengiebel aus schwarzem Lavagestein inmitten eines verträumten, weitläufigen Platzes. Die Decke im Mudéjar-Stil, der barocke Altar und die Gemälde, darunter eine Vision des Jüngsten Gerichts, lohnen einen Besuch des Gotteshauses (mit etwas Glück erhalten Sie den Schlüssel gegenüber im Haus 20-A).

COFETE   B7

25 Einwohner

Der geheimnisumwitterte Weiler im Südwesten der Insel ist vom Ferienort Jandía/Morro Jable (▶ S. 76) aus über eine Piste erreichbar. Eine Handvoll Häuser und eine kleine Bar im Schatten steiler, von Erosionsrinnen zerfurchter Bergflanken, davor unberührte, kilometerlange Sandstrände – das ist die Ortschaft Cofete. Weithin sichtbar befindet sich dort eine festungsähnliche Villa, die mitten im Zweiten Weltkrieg vom deutschen Militäringenieur Gustav Winter erbaut wurde: die **Villa Winter**. Ein 1,4 km langer Weg führt zu einem Aussichtspunkt nahe der Ruine.

Außer über die Piste können Sie Cofete auch zu Fuß bei einer Wanderung über die Berge erreichen: Knapp 5 km hinter Morro Jable, am Barranco Gran Valle, steigt man auf dem gelb markierten Weg (PR-12) in das Massiv hinein. Vom Pass Degollada de Cofete aus hat man einen herrlichen Rundblick über Strän-

Erhabenheit und Weitblick: Der Mirador Morro Velosa (▶ S. 98) ist der wohl schönste Aussichtspunkt der Insel. Manchmal sieht man von hier aus bis nach Teneriffa.

Im Hafen von El Cotillo (▶ S. 100) lebt noch ein Stück authentisches Fuerteventura fort – mit schneeweißen Häusern und der Mole, wo morgens die Fischer ihren Fang anlanden.

de und Küste. Unter sich sieht man die Villa Winter und linker Hand das »Dorf« Cofete, in dem heute einige Aussteiger leben. Achtung: Der Abstieg ist beschwerlich und festes Schuhwerk unbedingt nötig! Nach rund zwei Stunden Wanderung (6,7 km) erreicht man dann den weiten Strand mit dem goldgelben Sand und dem türkisblauen Meer ein herrlicher Anblick. Ob Sie sich zum Baden oder Schwimmen in die Fluten stürzen, sollten Sie sich allerdings sehr gut überlegen, denn die in dieser Gegend herrschende starke Unterströmung ist gefährlich.

EL COTILLO ❧ E2

1100 Einwohner

In dem alten Fischerdorf sind in den letzten Jahren etliche, nicht immer schöne Bauten entstanden, doch viele Traveller fühlen sich hier nach wie vor wohl. Statt bunt gekleideter, ewig lächelnder Animateure sieht man schweigsame Fischer, die ihre Netze flicken, und herumstreunende Hunde. Ein paar Jugendliche sind mit nichts anderem beschäftigt, als gemächlich den Tag zu verträumen.

Hübsch ist der alte Hafen, auf einer Felswand steht in großen Lettern:

»Viva la Virgen del Buen Viaje« (»Es lebe die Jungfrau der Guten Reise«), eine Huldigung an die Schutzpatronin der Seeleute. Etwas weiter südlich liegt der neue Hafen, vor der Gewalt des Atlantiks durch eine große Betonmole geschützt. Man mag kaum glauben, dass El Cotillo einmal Fuerteventuras wichtigster Hafen war. Ein gefährliches Riff versperrte Piraten den Weg, nur ortskundige Seeleute fanden sicher in die Bucht. Zusätzlichen Schutz brachte das 1743 aus dunklem Lavastein erbaute **Castillo de El Tostón**, ein mit zwei Kanonen bestückter Festungsturm, heute eine Informationsstelle mit Ausstellungsraum. Vor dem Turm stehen die Ruinen dreier Öfen, in denen Kalk für den Export gebrannt wurde. Um die Mitte des 19. Jh. verlor der Hafen zunehmend an Bedeutung, fast der gesamte Handel wurde über Puerto Cabras, das heutige Puerto del Rosario, abgewickelt.

Die Küste rings um die Ortschaft ist wunderbar wild. Südlich der Festung sind die Surfprofis aktiv - ein sehenswertes Spektakel. Auf die **Playa del Castillo** folgt die **Playa del Aljibe de la Cueva**, beides breite, schattenlose Strände am Fuße der Steilküste. Vor dem Baden allerdings ist zu warnen – schon manch geübten Schwimmer zog die Strömung aufs offene Meer. Der Norden ist zum Baden besser geeignet. Über vierspurige, bereits planierte Pisten kommt man zu den **Playas de los Lagos**, durch Lavafelsen voneinander getrennte weiße Strände mit herrlich türkisfarbenem Wasser und angrenzenden Plansch-Lagunen. Sie enden an den Leuchttürmen des Nordwestkaps. 2013/14 wurden hier entscheidende Szenen zu Ridley Scotts Bibel-Verfilmung »Exodus« (▶ S. 18) gedreht: Bei Ebbe, wenn die Lagunen von El Cotillo zurückweichen, gehen die flüchtigen Israeliten mit ihren Kamelen, Ziegen und Schafen trockenen Fußes »übers Wasser«.

ÜBERNACHTEN

Cotillo Lagos 🛍👥

In ruhiger Lage – Die Apartmentanlage liegt an einem hellsandigen Strand nördlich von El Cotillo. Alle Ferienwohnungen verfügen über Küche, Bad und Balkon, teilweise auch über einen schönen Meeresblick.
Av. de Los Lagos s/n | Tel. 928 17 53 89 | www.cotillolagos.com | 61 Apartments | €€

Cotillo Sunset 🛍👥

Am Lagunenstrand – Die gepflegte kleine Anlage ist in Ockertönen gehalten. Die Apartments gruppieren sich um einen Hof, dort stehen den Gästen Swimmingpool und Jacuzzi zur Verfügung. Meerblick hat man nur in der etwas teureren ersten Reihe (Nr. 1–18).
Av. de los Lagos s/n | Tel. 928 17 50 65 | www.cotillosunset.com | 33 Studios | €€

Soulsurfer Hotel

Nicht nur für Sportive – In diesem von Pilar und Kai engagiert geführten Hotel gibt es tipptopp saubere Zimmer, ein kräftiges Frühstück und einen Pool. Das Beste aber ist die nette Einbindung. Außerdem: viele Tipps – nicht nur zum Kite-Surfen.
Calle San Pedro 2 | Tel. 928 53 85 98 | www.soulsurferhotel.com | 18 Zimmer | €

ESSEN UND TRINKEN

Pancho Villa

Am alten Hafen – Dank seiner schönen Terrasse ist das Lokal stets gut besucht. Ist das Wetter mal nicht optimal, sitzt man auch drinnen gepflegt. Außer frischem Fisch serviert Señor Sito, der viele Jahre seines Lebens in Mexiko verbracht hat, mexikanische Klassiker wie Nachos, Burritos und Chimichangas, die man als »Viva México« auch im Sammelpack bestellen kann. Köstlich: Fajitas mit Garnelen und gut gemixte Cocktails; besonders zu empfehlen sind die Margaritas!

Muelle de los Pescadores 40 | Tel. 928 53 87 31 | tgl. ab 12 Uhr | €€

Playa

Direkt am Meer – Außer durch seine fantastische Lage unmittelbar am Wasser überzeugt dieses Lokal seine Gäste durch gute kanarische Fischküche. Preiswert ist das »menú del día«, das wechselnde Tagesmenü.

Requena 5 | Tel. 928 53 86 93 | tgl. ab 11 Uhr | €€

EINKAUFEN

El Taller del Puertito

In ihrem Werkstattladen am alten Hafen von El Cotillo verkaufen Eva und Surya originellen Schmuck aus recyceltem Material.

Puerto viejo, Calle Muelle de los Pescadores s/n

SERVICE

AUSKUNFT

Oficina de Turismo

Castillo de El Tostón | Tel. 609 20 79 67 | Mo–Fr 9–16, Sa, So 9–15 Uhr, im Sommer eine Stunde kürzer

Ziel in der Umgebung

◎ FARO DE TOSTÓN E1

Wenn es einen magischen Ort gibt, dann diesen: zwei Leuchttürme an der Nordwestspitze Fuerteventuras, eingefasst von weißsandigen Lagunen und schwarzen Felsarmen – zum Greifen nah die Nachbarinsel Lanzarote. Irgendwann begann jemand, aus den herumliegenden Vulkanbrocken Steinmännchen zu bauen. Andere taten es ihm oder ihr nach, sodass das Kap nun als bizarrer Skulpturengarten erscheint – verschlungene Wege führen durch das Labyrinth. Im Vergleich zu dieser improvisierten »Land Art« erscheint das im Leuchtturm eingerichtete **Fischereimuseum** (Museo de la Pesca, Di–Sa 10–18 Uhr, Eintritt 3 €) etwas blass, doch man kann die 62 steilen Stufen zur Aussichtsplattform hinaufsteigen und den grandiosen Rundumblick genießen. Im Eintritt inklusive ist eine deutschsprachige Broschüre mit Erläuterungen zum Museum.

4,5 km nördl. von El Cotillo

GRAN TARAJAL E6

8000 Einwohner

Die zweitgrößte Stadt der Insel liegt 30 km nordöstlich von Costa Calma windgeschützt in einer Bucht. Tarajal heißt übersetzt »Tamariske«, grüne Haine beleben die kahle, ockerfarbene Landschaft. Gran Tarajal ist nicht umwerfend schön und vom Tourismus nur wenig berührt. Hier kann man kanarische Normalität schnuppern und dabei großformatige, teilweise originelle Fassadenbilder entdecken, die einst öde Wände schmücken – Teil des städtischen Verschönerungsprojekts »Gran Mural« (Große Mauer).

Am Kirchplatz wird man von einem Springbrunnen begrüßt, Palmen und Lorbeerbäume bilden eine schattige Oase. Ein paar Schritte weiter kommt man zur Promenade, die sich an einer schwarzsandigen Bucht entlangzieht. Mehrere Terrassenlokale bieten Stärkung an. An der Hafenmole werden Tomaten auf Frachtschiffe verladen – Landwirtschaft ist noch immer die wichtigste Einnahmequelle der Region. Hier gibt es frischen Fisch im Lokal La Cofradía (▶ S. 53), das María, José und Nereira mit viel Schwung führen.

SERVICE

AUSKUNFT

Oficina de Turismo

Calle Atis Tirma s/n | Tel. 928 16 27 23 | Mo–Fr 10–14, in der Saison auch Sa 10–13 Uhr

LAJARES ● E 2

1700 Einwohner

In der Ortschaft auf halbem Wege zwischen Corralejo und El Cotillo haben sich zahlreiche ausländische Residenten niedergelassen. So erklärt sich, dass es hier – fernab vom Meer – eine gute Gastro-Szene gibt und dass hier sogar einmal im Jahr ein internationales Jazzfestival stattfindet. Doch auch die Tradition wird hochgehalten: Bei Artesanía Lajares an der Durchgangsstraße verkaufen Frauen aus der Gegend bestickte Tücher und Decken, die sie selbst angefertigt haben. Neben der Kapelle (Capilla) San Antonio im Süden des Ortes wurden zwei Mühlen restauriert. Bis in die 1970er-Jahre haben die Insulaner dort Getreide zur Herstellung der Kanarenspezialität »gofio« (▶ S. 27) gemahlen.

Fischerwissen am Ende der Welt: Der Faro de Tostón (▶ S. 102) beherbergt in seinen Mauern ein Fischereimuseum. Von oben kann man bis nach Lanzarote blicken.

Vom Ortszentrum von Lajares führt die FV-109 in 8 km nach Majanicho, einem Weiler aus improvisierten Wochenendhäuschen an einer herrlich wilden Lagunenküste. Hier erwarb das französische Unternehmen Pierre & Vacances Villages Clubs 120 ha Land, um ein Feriendorf zu errichten. Wird es genehmigt, wäre es das größte Resort der Kanaren.

SEHENSWERTES
Calderón Hondo

Wer gerne wandert, folgt ab Ortsmitte Lajares der Richtung Majanicho führenden Straße FV-109 gut 1 km und biegt an einer Wandertafel rechts in den als SL-FV-2 markierten, von Steinmäuerchen flankierten Weg ein. Etwa eine Stunde benötigt man, um den 227 m hohen Vulkanhügel Calderón Hondo zu besteigen. Von der Aussichtsplattform am Kraterrand bietet sich ein einmaliger Blick über die Lavaebenen von Fuerteventura und übers Meer bis Lanzarote.

ÜBERNACHTEN/ESSEN UND TRINKEN
El Patio de Lajares 🚩

Für Genießer – Mit Antiquitäten eingerichtete Zimmer, Blick in den Garten, dazu ein feines Restaurant. Mit Leinen gedeckte Tische und Lüster bilden einen festlichen Rahmen. Profi-Koch Rainer Feuchter bereitet aus Inselzutaten Gourmetmenüs zu, seine Frau Hanna Ingrid serviert.

Calle La Cerca 9 | Tel. 650 13 40 30 | www.patio-lajares.com | 6 Zimmer | €€

EINKAUFEN
Cabracadabra ▶ S. 40

LA LAJITA 🚩 D 6
1800 Einwohner

An diesem unscheinbaren Küstenort, 8 km östlich von Costa Calma würde man glatt vorbeifahren – wäre da nicht der **Oasis Park**, eine der größten Touristenattraktionen der Insel inmitten einer Palmenoase. Die meisten Besucher zieht es zum **Zoo** mit seinen mehr als 3000 Tieren, darunter Luchse, Otter und Flamingos, Giraffen, Elefanten und Nilpferde. Mehrmals täglich werden vier verschiedene Shows gezeigt: mit Reptilien und Seelöwen, Greifvögeln und Papageien. Nicht im Preis inbegriffen ist die »Kamelsafari« zum Strand, und extra zahlen muss man auch für die »Tier-Erfahrungen«: Zusammen mit einer Biologin besucht man Lemuren, possierliche Feuchtnasenaffen aus Madagaskar. Man darf die Tiere streicheln, im Gegenzug dürfen sie auf den Besuchern herumklettern. Beim »Bad mit den Seelöwen« darf man 20 Minuten hautnah mit ihnen im Becken spielen (Mindestalter 7 Jahre). Vielen Tieren kommt man auch näher, wenn man am Eingang eine Tüte mit Spezial-Futter kauft – darauf ist zu lesen, welche Tiere wie und wann zu füttern sind. Vom Zoo fährt ein kleiner Jungle Bus alle zehn bis 20 Minuten zum **Botanischen Garten**, wo in einer weitläufigen Hügellandschaft all jene Pflanzen wachsen, die sich an ein trockenes Klima angepasst haben, etwa Palmen, Sukkulenten und Kakteen in großer Vielfalt.

Ctra. FV-2, Km 57,6 | Tel. 928 16 11 35 | www.fuerteventuraoasispark.com | tgl. 9–18 Uhr (zwischen 13 und 16 Uhr erlebt man die meisten Shows) | Eintritt Tierpark und Botanischer Garten 28 €, Kinder

Afrika lässt grüßen: Der Oasis-Park in La Lajita (▶ S. 104) zeigt in seinem Zoo vor allem Tiere vom nahen Kontinent. Ein Spaß für Groß und Klein sind die Kamelausflüge.

3–11 Jahren 18 €, auch Rabatt für Rentner; Kamelsafari extra 12 €, erm. 8 €; Spiel mit Lemuren 10 €, erm. 8 €; Spiel mit Seelöwen 45 €; etwas billiger sind die Tickets bei Online-Kauf

LA OLIVA   ▶ F 2

1350 Einwohner

Der Ort am Fuße eines Vulkankegels verdankt seinen Namen Olivenhainen, die früher die Ebene ringsum bedeckten. Einige wenige herrschaftliche Gebäude künden von der glanzvollen Zeit, als La Oliva Sitz der Militärobersten (1708–1859) und Inselhauptstadt

(1834–1860) war. Mittelpunkt des Ortes ist die wuchtige, vormittags meist geöffnete Pfarrkirche **Nuestra Señora de la Candelaria** mit kalkweißer Fassade und schwarzem Glockenturm aus Lavastein. Nahebei steht das sehenswerte Pfarrhaus Casa del Capellán, dessen Türen und Fenster mit aztekisch anmutenden Steinmetzarbeiten geschmückt sind.

SEHENSWERTES

Casa de los Coroneles

Im großen Feudalpalast mit seinen über hundert Fenstern residierte einst der Militäroberst. Zinnenbewehrte Ecktürme und Holzbalkone verleihen dem Haus ein festungsähnliches Aussehen, Insignien des Béthencourt-Clans schmücken das Wappen über dem Portal. Das zum »Historischen Kulturgut« erklärte Gebäude wurde nach jahrelanger umfassender Renovierung vom spanischen König feierlich wiedereröffnet. Eine Galerie zeigt wechselnde Ausstellungen, schön ist auch der Innenhof.

🕐 Dienstags und donnerstags können Sie im Rahmen der «Ruta de los Coroneles» zum Einheitspreis von 6 € jene Gebäude besichtigen, die mit den Obristen in Verbindung stehen: die Casa de los Coroneles, das Museo del Grano, die Casa Mané und die Casa del Coronel, wo der »Markt der Traditionen« stattfindet. Auch die Pfarrkirche ist dann geöffnet.

Calle Juan Cabrera Méndez s/n | Di–So 10–18 Uhr | Eintritt 3 €

MUSEEN UND GALERIEN

Casa Mané – Centro de Arte Canario

Das Gebäude, das einst feudales Anwesen eines Arztes war, verwandelte ein Kunstsammler in eine große Galerie. In einem imposanten unterirdischen Gang hängen Bilder von kanarischen Klassikern wie César Manrique und Miró Mainou, in einem Kuppelraum werden kommerzielle Druckgrafik und Kleinskulpturen verkauft. Schön ist auch der Garten, wo die Besucher kanarische Pflanzen und Installationen, etwa Ziegen aus Eisenschrott, bewundern können.

Calle Salvador Manrique de Lara | www.centrodeartecanario.com | Mo–Fr 10–17, Sa 10–14 Uhr | Eintritt 4 €

Der Turm der schwarz-weißen Kirche Nuestra Señora de la Candelaria (▶ S. 105) diente früher auch als Wachturm, um die Bewohner von La Oliva vor Piratenangriffen zu warnen.

Museo del Grano

In der Casa de la Cilla lebte der Steuereintreiber, im Nebengebäude wurde das Getreide gelagert, das die Pächter ihrem Grundherren zu entrichten hatten. Heute wird man in dem Haus anhand alter Geräte mit traditionellen Anbaumethoden vertraut gemacht.

Calle La Orilla s/n | Di–Sa 10–18 Uhr | Eintritt 1,50 €

PÁJARA D 5

1100 Einwohner

Das afrikanisch anmutende Pájara, inmitten nackter Gebirgslandschaft gelegen, ist ein Ort, in dem herrenlose Hunde durch die Gassen streunen und alte Männer den Tag verträumen. Dennoch ist Pájara die »Hauptstadt« der größten und reichsten Inselgemeinde. Doch nur am Umgang mit dem kostbaren Wasser ist ablesbar, dass das Geld im Rathaus locker sitzt: Auf der Plaza wachsen üppige Lorbeerbäume, aus deren Kronen hundertfaches Vogelgezwitscher ertönt. Nahebei wurden Grünanlagen mit Palmen und Bougainvilleas angelegt.

SEHENSWERTES

Nuestra Señora de la Regla

Die zweischiffige Pfarrkirche wurde im späten 17. Jh. erbaut und gibt dem Besucher manches Rätsel auf: Warum ist sie mit aztekischen Ornamenten geschmückt und nach der Schutzpatronin Havannas benannt? Am Hauptportal sieht der Betrachter in Stein gemeißelte Schlangen und Indiogesichter, die so gar nicht in die christliche Bilderwelt passen und möglicherweise die These nahelegen, die Künstler müssten daher aus Südamerika zu-

rückgekehrte Emigranten gewesen sein. Das Innere der Kirche ist in mystisches Dunkel getaucht, doch zwei kleine Fenster sind so geschickt angebracht, dass das durch sie einfallende Licht die beiden prachtvollen Barockaltäre aufscheinen lässt.

ESSEN UND TRINKEN

Casa Isaítas

In dem asketisch-schönen Mini-Hotel (▸ S. 35) im Ortszentrum können Sie auch gut essen: Aus Bio-Zutaten werden deftige Tapas zubereitet, die Sie auf der romantischen Terrasse genießen können. Ist es kühl, bietet der rustikale Bar-Raum mit seinen Natursteinwänden eine gemütliche Alternative.

Guize 7 | Tel. 928 16 14 02 | www. casaisaitas.com | €

Centro Cultural

Schlichter und dafür auch einen Tick günstiger als die Casa Isaítas (s. o.) ist die Kantine des lokalen Kulturzentrums hinter der Kirche. Leckere Sandwiches (»bocadillos«).

Plaza de la Constitución s/n | €

LA PARED C 6

600 Einwohner

Der 5 km lange Istmo de la Pared (»Landenge der Mauer«) bezeichnet die schmalste Stelle der Insel, die den Hauptkörper Fuerteventuras von der Halbinsel Jandía abtrennt. In vorspanischer Zeit soll hier eine gewaltige Mauer Maxorata und Jandía, das nördliche und das südliche Herrschaftsgebiet, getrennt haben. Unscheinbare Reste dieser Mauer haben sich hier und da erhalten. Die gleichnamige Feriensiedlung La Pared wurde an der wildromantischen Westküste angelegt. Planierte Pisten durchschneiden die Landschaft, die Grundstücke sind bereits parzelliert (»Kaufen Sie sich ein Stück vom Paradies!«) – allein an zahlungskräftigen Investoren scheint es noch zu fehlen. Eine überdimensionierte Promenade mit Kugellaternen und Steinbänken führt zum Clubhotel Costa Real, das zurzeit geschlossen hat. Die Rasenteppiche der Golf-Akademie wirken in der braunen Landschaft etwas surreal. Nordwärts gelangt man über eine Piste zu einer schönen Klippenbucht, südlich liegt der helle Sandstrand **Playa del Viejo Rey** (Strand des Alten Königs), wo man bei ruhiger See baden kann.

Picknick am Strand von La Pared

Der »Strand des Alten Königs« – gemeint ist Ayoze, einer der beiden letzten Herrscher der Ureinwohner Fuerteventuras – ist mit seinen ockerfarbenen Klippen schön anzuschauen. Doch auch der Blick von hier gefällt – am schönsten beim Picknick zum Sonnenuntergang (▶ S. 14).

ESSEN UND TRINKEN

Bahía La Pared 🛉

Toll bei Sonnenuntergang – Dies ist nicht gerade das, was man sich unter einem romantischen Fischlokal vorstellt, doch der Ausblick aufs Meer ist unbestreitbar gut und bei Sonnenuntergang wirklich unvergesslich. Weiterer Vorteil: Während des Essens können Eltern ihre Kinder im Pool

planschen lassen, sogar eine Wasserrutsche ist für die Kleinen vorhanden.
Playa de la Pared | Tel. 928 54 90 30 | tgl. 12–22 Uhr | €€

LAS PLAYITAS E 6

830 Einwohner

Am Ortsausgang von Gran Tarajal (▶ S. 102) führt eine gut ausgebaute Stichstraße samt Radweg ins knapp 4 km entfernte Las Playitas, »das Strändchen«. Tatsächlich verfügt der Ort über einen kleinen Strand mit schwarzem Lavasand. Die weiß getünchten Häuser des malerischen Fischerdorfs schmiegen sich an den Hang, unter ihnen liegt eine kleine Promenade. Boote ankern in der windgeschützten Bucht, die Fischer flicken ihre Netze am Kiesstrand: ein Idyll wie aus dem Bilderbuch. Dazu passend gibt es ein paar urige Lokale, die auch Zimmer vermieten. Doch da die Gemeinde ein Stück vom touristischen Kuchen abhaben wollte, wurde auch in Las Playitas gebaut: In der weiten Bucht beim Dorf entstand mit dem Playitas Grand Resort das größte Sporthotel der Kanaren, das mit 1000 Betten einen Ort für sich bildet. Zwischen wilden Klippen wurde ein fast 1 km langer Sandstrand aufgeschüttet, gesäumt von einer Palmenpromenade. Weiter landeinwärts leuchten die Rasenteppiche eines 18-Loch-Golfplatzes.

ÜBERNACHTEN

Playitas Grand Resort 🛉

Größtes Sporthotel der Kanaren – Familienfreundlich ist das Playitas Aparthotel an der Südseite der Bucht. Kinder werden im Miniclub versorgt, es gibt eine Disco für Kids und einen Pool mit

Riesenwasserrutsche. Das angrenzende Playitas Hotel ist für Singles und Paare konzipiert. Die Zimmer sind hell und minimalistisch, je höher man wohnt, desto besser ist der Meerblick. Zur Hotelanlage gehören ein 50-m-Schwimmbecken, eine Radstation mit Mountain-, Renn- und Fitness-Bikes, ein großer Kraftraum, Tauch- und Segelschule, Golf-Akademie, Tennisplätze, Volleyballplatz, ein großes Spa und mehr. Von morgens bis abends werden Aktivitäten wie Wassergymnastik, Aerobics, Pilates und Spinning angeboten. Las Playitas | Tel. 928 86 04 00 | www. playitas.info | 433 Zimmer und Apartments | €€€

Leuchtturm im Niemandsland

6

Von Las Playitas führt eine 7 km lange Asphaltpiste ins Reich der Einsamkeit: Auf einer Klippe thront der Faro de la Entallada, ein burgartiger Leuchtturm – geheimnisvoller Wächter in der Steinwüste. Von dort geht ein Weg zu einer Plattform, von der Sie die zerklüftete Küste überblicken (▶ S. 14).

ESSEN UND TRINKEN

La Rampa

Wie in alten Zeiten – Das Lokal liegt an der »Rampe«, an der die Fischer ihre Boote zu Wasser lassen. Durchs Fenster kann man ihnen zusehen und dabei Fischgerichte genießen. Am Wochenende gibt's bei Juan und Soli oft auch Zicklein.
Av. Miramar 1 | Tel. 928 87 03 67 | tgl. außer Di ab 12.30 Uhr | €€

Víctor

Freundlich und kanarisch – In diesem Lokal in zweiter Reihe bekommt man sehr gute Eintopfgerichte und garantiert frischen Fisch.
Calle Juan Soler 1 | Tel. 928 87 09 10 | €€

SPORT

GOLF

Playitas Golf

Die 18-Loch-Anlage greift vom Strandbereich bis ins karge Hinterland der Insel aus.
Tel. 928 86 04 00

KAJAK/SURFEN/SEGELN

Cat Company Fuerteventura

Kursangebote für Kinder, Einsteiger und Fortgeschrittene.
Las Playitas Grand Resort | Tel. 616 61 93 13 | www.catamaran-segeln.de

POZO NEGRO ⬗ F5

50 Einwohner

Das abgeschiedene Fischerdorf liegt an einer dunklen, mit Kies bedeckten Bucht, 20 km südlich von Costa Caleta. Einst wurden hier Waren angelandet, die auf dem Rücken von Eseln und Dromedaren nach Betancuria gelangten. Heute leben die wenigen noch verbliebenen Bewohner von den Ausflüglern, die in den beiden einfachen Fischrestaurants einkehren.
Der Weg nach Pozo Negro (»Schwarzer Brunnen«) führt durch eine breite Schlucht, in der vor rund 10 000 Jahren ein gewaltiger Lavafluss mitten im Lauf erstarrte. Zwischen klaffenden Gesteinsspalten wächst der robuste Dornlattich, dessen Knospen sich nach kurzer Blüte in Dornen verwandeln – für den Schriftsteller Unamuno ein »Sinn-

bild des Lebensdurstes«. Hungrig auf Dornlattich sind die zahlreichen im Tal herumstreifenden Ziegen, die zur Granja Experimental (s. u.) gehören.

3 km hinter der Abzweigung von der FV-2 Richtung Pozo Negro biegt rechts eine Piste ab, die nach 500 m am archäologischen Park **La Atalayita** endet: Mitten in der Wildnis stehen runde, halb in den Boden versenkte Natursteinhäuser, überdachte Wohngruben und Ruinen. Es sind die Reste einer altkanarischen Hirtensiedlung. Ein kleines Museum informiert über die Ureinwohner (Di–Sa 10–18 Uhr, Eintritt frei). Nach weiteren 3 km auf der FV-420 ist Pozo Negro erreicht.

EINKAUFEN

Granja Agrícola y Experimental de Pozo Negro

Vor ein paar Jahren begann die Inselregierung als Investition in die Zukunft Olivenbäume an Bauern zu verschenken. Auf der Granja Agrícola y Experimental hat sie eine Ölmühle eingerichtet. Hier werden pro Jahr 25 000 kg Oliven zu 3000 bis 4000 l Olivenöl bester Qualität gepresst: »Aceite Virgen de Fuerteventura«.

Diseminado Rosa De Pozo Negro, s/n | Mo–Fr 7.30–13 Uhr

PUERTO DE LA CRUZ A 8

22 Einwohner

Der Weiler am Südwestzipfel Fuerteventuras ist nur über eine knapp 20 km lange Piste ab Morro Jable (▶ S. 76) erreichbar. Bei den Einheimischen heißt er schlicht El Puertito, der »kleine Hafen«. Weiß getünchte Betonhäuser säumen die windgeschützte Bucht, zwischen ihnen stapelt sich Sand.

Abends sind die Einheimischen unter sich: Bei einem Gläschen Rum erzählen sie sich spannende, alte Geschichten von Piraten und Schmugglern. 1,5 km entfernt, an der Punta de Jandía, Fuerteventuras Südwestspitze, hält ein alter, restaurierter Leuchtturm Wache: Faro Punta de Jandía. Darin ist ein Museum eingerichtet, das in fünf Sälen die Natur der Halbinsel beleuchtet. An die Meeressäuger erinnert ein Walskelett (tgl. 10.30–17.30 Uhr, oft geschl.).

Fuertes Wal-Skelette 7

In den Salinen Las Salinas del Carmen hängt das 5000 kg schwere Skelett eines Finnwals, der im Jahr 2000 im Norden der Insel Fuerteventura gestrandet ist. Wie auch andere Wal-Skelette auf der Insel soll es daran erinnern, dass der Mensch das Gleichgewicht der Meere bedroht (▶ S. 14).

LAS SALINAS DEL CARMEN F 5

Die schachbrettartig angelegten Salinen befinden sich 3 km südlich von Costa Caleta. Jahrhundertelang funktionierte die Salzgewinnung auf Fuerteventura nach dem gleichen Prinzip: Mithilfe von Windenergie wurde einflutendes Meerwasser in die höher gelegenen Felder geleitet, wo es unter Einfluss der Sonnenwärme verdunstete. Verfestigte sich das Salz zu Kristallen, wurde es zum Trocknen zu kleinen Kegeln zusammengerecht. Heute sind die Salinen in ein »Salzmuseum« integriert: das **Museo de la Sal**. Auch das Museumscafé ist einen Besuch wert –

Uraltes Erbe modern aufbereitet: Das Salzmuseum in den Salinas del Carmen (▶ S. 110) erklärt mit zeitgemäßen Mitteln Geschichte und Techniken der Salzgewinnung.

mit Blick auf die flirrenden Salzfelder. Alles Wichtige zum Thema »Salz« erfahren Sie ab S. 118.

Museo de la Sal: Di–So 10–18 Uhr | Eintritt 5 €

ESSEN UND TRINKEN

Los Caracolitos

Beliebtes Fischrestaurant – Wer Lust auf Paella oder hausgemachte Fischkroketten hat, sollte das Lokal direkt am Meer besuchen. Es ist bei den Einheimischen sehr beliebt und am Wochenende oft überfüllt.

Tel. 928 17 42 42 | Mi geschl. | €€

TARAJALEJO   ⚑ D 6

1300 Einwohner

Das ehemalige Fischerdorf liegt 13 km östlich von Costa Calma. Am Kiesstrand des Ortes stehen noch die alten, weiß gekalkten Fischerhäuser. Einige von ihnen wurden inzwischen in Restaurants verwandelt, die auch bei Touristen ausgesprochen beliebt sind. Tarajalejo ist ein ruhiger Urlaubsort, verfügt aber nicht über einen hellen Sandstrand, wie er so oft mit Fuerte assoziiert wird. Attraktiv ist dafür aber die von Palmen gesäumte Promenade entlang der Küste.

ÜBERNACHTEN

Bahía Playa

Junges Publikum – Dank vieler Aktiv-Angebote wie etwa Segeln, Surfen und Schnorcheln ist diese All-inclusive-Unterkunft an der Promenade vor allem bei jüngeren Leuten eine beliebte Adresse. In zweiter Reihe befindet sich das dazugehörige Design Romantic Fantasia Suites & Spa Hotel, das »for adults only« (nur für Erwachsene) angeboten wird.
Playa de las Palmeras | Tel. 928 16 10 01 | www.r2hotels.com | 172 Zimmer | €€

Varadero

Freundliches Ambiente – Kleine Apartmentanlage mit Pool, nur durch die Promenade vom Meer getrennt. Apartments mit ein bis zwei Schlafzimmern und Balkon mit Meerblick.

Calle Isidro Díaz s/n | Tel. 928 87 20 32 | www.varadero-fuerteventura.com | 20 Apartments | €€

ESSEN UND TRINKEN

La Barraca

Ganz nah am Meer – Auf der wellenumspülten Terrasse der »Baracke« kann man gut Tapas essen.
Isidro Díaz 14 | Tel. 928 16 10 89 | Mo–Sa 12–16 und 18–22 Uhr | €€

SPORT

REITEN

Centro Hípico

Wer gern die Gegend zu Pferde erkundet, wendet sich an den Reitstall mit seinen drei Dutzend spanischen Vollblütern. Die Reitschule genießt bei Pferdefreunden einen guten Ruf.
Carretera General | Tel. 928 87 20 70

Im Ecomuso de la Alcogida (▶ S. 113) können die Besucher eintauchen ins ländliche Leben der früheren Inselbewohner. Da wird auch noch im Holzofen frisches Brot gebacken.

TEFÍA  E 3
250 Einwohner

Das einstige Geisterdorf Tefía erhebt sich inmitten einer ockerfarbenen Ebene 22 km westlich von Puerto del Rosario. Am Fuß des pyramidenförmigen Cuchillos (625 m) ducken sich lehmfarbene Häuser. Dahinter erkennt man eine weiße Kapelle, die San Augustín geweiht ist und 1773 erbaut wurde. Lange Zeit standen die hiesigen Mühlen still, und es wurde kein Getreide in den Speichern gelagert. Doch nun soll wieder Leben einkehren. Mit Unterstützung der EU wurden für das **Ecomuseo de la Alcogida** zahlreiche alte Bauernhöfe sorgfältig restauriert und originalgetreu eingerichtet. Entstanden ist ein »Ethno-Dorf« mit Werkstätten, in denen man Kunsthandwerkern über die Schulter schaut. Auch Brotbäcker, Färber und Gofio-Müller sind aktiv. Kamele und Esel, Ziegen und Schafe vervollständigen das Bild.

Ecomuseo de la Alcogida: Di–Sa 10–18 Uhr | Eintritt 5 €

Ziel in der Umgebung
 EL PUERTO DE LOS MOLINOS
 D 3

Vom südlichen Ortsrand von Tefía führt eine 10 km lange Stichstraße erst durch eine weite Ebene, dann an einer Schlucht entlang nach El Puerto de los Molinos (erreichbar über eine kleine Brücke). Einigen erscheint das Fischerdorf »schmuddelig«, andere sind froh, dass sie hier einmal fern der Tourismusmaschinerie sind. Katen stehen an einer von Klippen eingerahmten Bucht, in einer Brackwasserlagune tummeln sich Wildgänse und -enten. Eine Traditionspinte, die Casa Pon, bietet den Gästen frischen Fisch. Und einen Aussichtspunkt hoch auf der Klippe gibt es auch. Er ist erreichbar über einen Treppenweg ab dem Parkplatz vor dem Ort.

TINDAYA E 3
600 Einwohner

Das Bauerndorf, 7 km südwestlich von La Oliva gelegen, ist in erster Linie wegen seines Hausbergs bekannt. Selten begegnet man jemandem auf der Straße, nur in den Traditionsbars El Encuentro und María sieht man ältere, wettergegerbte Männer.

SEHENSWERTES
Casa Alta

Der baskische Bildhauer Eduardo Chillida (1924–2012) hatte den Plan, den heiligen Berg Tindaya (▶ S. 114) in ein »Monument der Leere« zu verwandeln. Sein Projekt wird zwar vorerst nicht realisiert, trotzdem kann man es kennenlernen: Am Fuß des Berges wurde ein historisches Anwesen restauriert, in dem Schautafeln, Modelle und 3-D-Animationen begreifbar machen, wie sich Chillida einen »ausgehöhlten Berg« vorstellte.

Centro de Interpretación Montaña Alta | Eröffnung voraussichtlich Herbst 2014

Montaña Quemada E 3

1 km südlich des Dorfes Tindaya ragt die Montaña Quemada auf, ein sagenumwobener Vulkan. Der Schriftsteller Miguel de Unamuno wollte auf dem »verbrannten Berg« beerdigt werden. Mit einem schlichten, erst nach Francos Tod aufgestellten Monument wird er dort geehrt.

Montaña Tindaya E 2

Bedeutender als das Dorf ist der gleichnamige, knapp 400 m hohe Vulkan, von dessen Gipfel man an klaren Tagen einen schönen Blick bis nach Lanzarote hat. Ein steiler Weg (»sendero subida Montaña Tindaya«) führt rechts hinter dem Elektrizitätssturm an seiner Westflanke hinauf. Begehbar ist er nur mit einer von der Umweltbehörde in Puerto del Rosario ausgestellten Genehmigung (Tel. 928 85 21 06 oder über das Internet www.cabildofuer.es ▶ Medio Ambiente ▶ Solicitud para la visita a Montaña de Tindaya). 1996 ging ein Schrei durch die Inselpresse, als der Bildhauer Eduardo Chillida seinen Plan bekannt gab, den geschützten Tindaya in ein »Monument der Leere« zu verwandeln: Im Inneren des Berges soll ein 50 Kubikmeter großer Hohlraum entstehen, der durch drei schmale Schächte mit der Außenwelt verbunden ist. Trotz heftiger Proteste wurde der Bau 1998 bewilligt, ist allerdings bis heute nicht realisiert. In der Casa Alta (▶ S. 113) soll nun wenigstens Chillidas Projekt vorgestellt werden.

TISCAMANITA E 5
450 Einwohner

Das verschlafene Bauerndorf liegt am Rand einer Lavawüste, 4 km nordöstlich von Tuineje. Am Wochenende versammeln sich die Männer in den Bars am Platz, die Frauen pilgern in die Ermita de San Marcos (1699): eine typische Kirche mit schlichter Fassade und zinnenbewehrter Mauer. In der Nähe befinden sich alte Gehöfte und Windmühlen. Ein Museum, das Centro de Interpretación de los Molinos, gibt Auskunft über das Müllereihandwerk.

Centro de Interpretación de los Molinos: Di–Fr, So 9.30–17.30 Uhr, oft wird früher geschlossen | Eintritt 2 €

TUINEJE E 5
500 Einwohner

Inmitten von Tomatenplantagen liegt das im 15. Jh. von berberischen Sklaven gegründete Dorf. Noch heute spiegelt sich deren Einfluss in den aus lehmfarbenem Bruchstein gebauten Häusern. Mittelpunkt von Tuineje ist die Kirche San Miguel – ist sie verschlossen, kann man im gegenüberliegenden Haus (mit Gedenktafel) nach dem Schlüssel fragen. In der Kirche fällt der Blick auf den Altar: In himmelblau ausgemalten Nischen stehen naive Engel- und Heiligenfiguren. Zwei ausdrucksstarke Gemälde illustrieren ein Ereignis, auf das die Bewohner Tuinejes noch heute stolz sind: Am 13. Oktober 1740 gelang es den Dörflern, eine Übermacht schwer bewaffneter englischer Korsaren in die Flucht zu schlagen.

VEGA DE RÍO PALMAS D 4
200 Einwohner

Der wichtigste Wallfahrtsort Fuerteventuras liegt in einem Tal voll wilder Palmen, macht also seinem Namen (»Aue des Palmenflusses«) alle Ehre.

Zur »Höhlenjungfrau«

Zwischen Vega de Río Palmas und Ajuy liegt eine winzige Einsiedelei. Zu Fuß geht es auf einer kleinen Wanderung zur Ermita de la Peña, wo Sie sich im Pilger-Gästebuch verewigen können (▶ S. 15).

SEHENSWERTES

Virgen de la Peña

Die Schutzheilige der Insel findet man in der Kapelle am östlichen Ortsausgang. Wie es heißt, gelangte die 23 cm kleine Alabasterfigur vor 600 Jahren im Gepäck Jean de Béthencourts auf die Insel und unterstützte ihn bei der Conquista auf wundersame Weise. Ihr zu Ehren wird im September eine Prozession veranstaltet, die durch den Barranco zur Kapelle unterhalb des Stausees Las Peñitas führt. Die Kirche selbst beeindruckt durch ihre Renaissanceportale, eine Holzdecke im Mudejar-Stil und einen Goldaltar von 1666.

ESSEN UND TRINKEN

Casa Don Antonio

Stilvoll – Gegenüber der Kirche wird in opulentem Landhausambiente feine Küche serviert, auf der Speisekarte stehen etwa hausgemachte Entenleber und getrüffelte Rehterrine. Wer lediglich auf einen Kaffee und einen Kuchen vorbeikommt, ist gleichfalls willkommen. Schön sitzen die Gäste auch auf der Kirchplatzterrasse und im begrünten Brunnenhof.

Plaza Principal | Tel. 928 87 87 57 | Mi–Do 11–17, Fr–Sa 11–22, So 11–17 Uhr | €€€

Besuch bei Atlashörnchen

Auf der FV-30 zwischen Vega de Río Palmas und Pájara lohnt ein Stopp am Aussichtspunkt Las Peñitas: rötliche Berge, nach Winterregen ein kleiner Stausee – und Atlashörnchen (▶ S. 15).

Die steten Winde nutzen: Wie die Canarios früher mit Windmühlen ihr Getreide mahlten, zeigt das Centro de Interpretación de los Molinos in Tiscamanita (▶ S. 114).

VILLAVERDE

F 2

1500 Einwohner

Dies ist keine »grüne Stadt«, wie der Name suggeriert, sondern ein unscheinbares Dorf 14 km südlich von Corralejo. Über mehrere Kilometer erstrecken sich die Häuser längs der Straße FV-101, die in Spaniens Bauboom-Jahren schnell hochgezogen worden sind. Es gäbe keinen Grund, in Villaverde anzuhalten, wären da nicht die guten und gemütlichen Ausflugslokale, die seit vielen Jahren vor allem von Einheimischen besucht werden. Bekannt ist Villaverde auch für seinen ausgezeichneten Ziegenkäse, eine Spezialiät der lokalen Molkerei, die schon viele Preise abgeräumt hat (▶ S. 36). Hauptsehenswürdigkeit ist jedoch der Lavatunnel am nördlichen Ortsausgang, der in die vulkanische Entstehung der Insel einführt.

SEHENSWERTES

Cueva del Llano

Vor 1 Mio. Jahren entstand beim Ausbruch des östlich aufragenden Escanfraga eine Vulkanröhre: Während der Lavastrom an der Oberfläche bereits erkaltet war, floss darunter das glutheiße Magma weiter. Nach dessen Abzug blieb ein ausgehöhlter Stollen zurück. Später stürzte an einer Stelle die dünne Lavadecke ein – »jameo« heißt das Einsturzloch, über das man in die Unterwelt absteigen kann. Mit Schutzhelm und Leuchte ausgestattet, können Besucher ein 600 m langes Tunnelstück erkunden. Dabei erfährt man Interessantes über die Entstehung der Insel, sieht Fossilien ausgestorbener Tiere und macht Bekanntschaft mit »Maiorerus randoi«, einem spinnenartigen,

weltweit einzigartigen Tier, dessen Augen und Pigmentierung in ewiger Höhlenfinsternis verkümmert sind.

Centro de Interpretación Cueva del Llano: Ctra. FV-101, Km 5,8 | Di–Sa 10–18 Uhr, letzte Tour 17.30 Uhr | Eintritt 5 €, erm. 2.50 € (zurzeit geschl.)

ÜBERNACHTEN

Mahoh 🚩

Original Fuerte – Ein restauriertes Gehöft aus dem 18. Jh. wurde zum Landhotel: Man schläft im Himmelbett hinter dicken Natursteinmauern, badet im solarbeheizten Garten-Pool und genießt im Restaurant zeitgenössisch interpretierte Fuerte-Spezialitäten. Besonders gut: mit Papageifisch und Meeresfrüchten gefüllte Paprika (»pimientos rellenos con mariscos«) sowie das Feigeneis mit heißer Schokolade (»helado de higos«). Besitzer des Hotels ist Tinín Martínez, der sich als Musiker und als Gründer der Öko-Gruppe Mahoh einen Namen gemacht hat. Er sorgt dafür, dass vor allem Bio-Zutaten von der Insel verwendet werden.

Sitio de Juan Bello, Ctra. FV-101, Km 2,8 | Tel. 928 86 80 50 | www.mahoh.com | 9 Zimmer | €€

Oasis Rural

Gehobenes Landhausambiente – Das Hotel an der Straße nach La Oliva strahlt mit seinem offenen Dachstuhl aus Holz schon in der Lobby Großzügigkeit und Gemütlichkeit aus. Dieser Eindruck setzt sich fort in den Zimmern und im Restaurant. Modern sind die benachbarten Villas Oasis Rural: elf 90 qm große Ferienhäuser mit je eigenem Pool (für max. 6 Pers.). Mit beheiztem Gartenpool und Radverleih.

![Abwärts: Mit Helmen bewehrt können auch Touristen hinabsteigen in die Cueva del Llano]

Abwärts: Mit Helmen bewehrt können auch Touristen hinabsteigen in die Cueva del Llano (▶ S. 116). Unten geht es 600 m weit durch die Erde – nichts für Klaustrophobiker!

Ctra. FV-101 | Tel. 928 53 52 59 | www. oasiscasavieja.com | 10 Zimmer, 11 Ferienhäuser | €€€

ESSEN UND TRINKEN

Casa Marcos

Tapas museal – Señor Marcos liebt alte Fuerte-Traditionen: In einem restaurierten Bauernhaus abseits der Durchgangsstraße von Villaverde serviert er Tapas-Kreationen mit bevorzugt einheimischen Produkten, immer dabei Thunfisch-Carpaccio und -Kroketten, Schinken und Lamm, Ziegenkäse in vielen Variationen, auch gebraten und mit Tomaten-Chutney. Auch auf der Terrasse lässt es sich gut sitzen!
Carretera General 94, Ctra. FV-101, Km 4,6 | Tel. 928 86 82 85 | Mo–Sa ab 12.30 Uhr | €€

El Horno

Rustikal – Das Restaurant am Ortsausgang Richtung Corralejo serviert seinen Gästen hervorragende Fleischgerichte. Am besten schmecken »cabrito« und »cordero al horno« (Zicklein und Lamm aus dem Ofen).
Ctra. FV-101, Km 3,3 | Tel. 928 86 86 71 | tgl. außer Mo ab 12.30 Uhr | €€

Im Fokus
Sol y sal: Sonne und Salz

*Alles Salz kommt aus dem Meer. Und jeder Körper trägt die
Erinnerung an den Ozean in sich. Wussten Sie, dass eines der besten
Salze der Welt aus Fuerteventuras Salzgärten stammt?
Dessen Gewinnung können Sie in den Salinas del Carmen erkunden.*

Salz, so der griechische Philosoph Pythagoras, stammt von den reinsten
Eltern ab: Es ist das Kind von Sonne und Meer. Die Produktion vom
Meersalz läuft seit Jahrtausenden nach dem gleichen Muster. So auch auf
Fuerteventura, wo in den **Salinas del Carmen** ★ (▸ S. 110) seit 1730 Salz
geerntet wird. Bei einem Rundgang durch die Salinen kann man nach-
vollziehen, wie das im Meer gelöste Salz – immerhin 35 g pro Liter – gewonnen wird: Der Nordostwind treibt das Meer an die Küste, wo die starke Brandung dafür sorgt, dass es in die unteren Auffangbecken »springt«.
Nicht umsonst heißen diese »saltaderos« (von span. »saltar«: springen).
Kurios ist, dass die Gischt, die sich in den am Ufer platzierten Felsbecken
absetzt, eine andere chemische Zusammensetzung hat als das benachbarte Meerwasser. Sie bildet eine hauchdünne Kruste, die jeden Tag abgeschöpft wird. Das hier gewonnene Salz, genannt »sal de Espuma«
(Schaumsalz), ist besonders reich an Mineralien. Señor Luengo, Bio-Che-
miker der kanarischen Salinen-Vereinigung, hält Fuerteventuras Gischt-

◀ Frisches Meersalz trocknet an der Sonne
in den Salinas del Carmen (▶ S. 110).

Salz für eines der besten der Welt und schwärmt gar: »Salz ist ein intelligentes Geschöpf!«

WO DIE SALZBLUME BLÜHT

Ist das Schaumsalz abgeschöpft, wird das Meerwasser durch Überlaufkanäle (»aliviaderos«) in größere Erwärmungsbecken (»cocederos«) geleitet. Bei idealen Bedingungen, also bei starker Sonneneinstrahlung und viel Wind, bildet sich an der Wasseroberfläche eine hauchdünne Salzschicht aus, die aufgrund ihrer Kristallstruktur »Salzblume« genannt wird (span.: »flor de sal«, im internationalen Handel: »fleur de sel«). Diese Salzschicht wird vorsichtig abgesiebt. Die Salzflocken, die nicht größer als 0,8 mm sein dürfen, werden ungewaschen und ungemahlen abgefüllt. Die restliche Lake muss bei mindestens 30 °C mehrere Tage lang in den flachen Becken stehen, damit das Wasser verdunsten und das Salz auskristallisieren kann. Anschließend wird sie in Verdunstungsbecken (»tajos«) gepumpt, wo noch mehr Wassermoleküle verdunsten – je mehr Becken die Lake durchläuft, desto feiner und reiner wird das Salz. Insgesamt gibt es in den Salinas del Carmen 100 Becken aus wasserundurchlässigem, durch schwarze Kieselsteine verstärktem Ton. Zuletzt wird das Salz mit einem Rechen zu kleinen Pyramiden aufgehäuft, wo es endgültig austrocknet. Ernte-Hochsaison sind die Monate April bis Oktober, wenn Sonne und Wind besonders stark sind. Doch da es auf Fuerteventura selten regnet, wird auch in den übrigen Monaten gearbeitet – zehn bis 15 Ernten pro Jahr sind möglich, die insgesamt 40 bis 50 Tonnen Salz abwerfen. Im Lagerhaus (»almacén de la sal«) wird das Salz abgefüllt, um anschließend im Museumsshop verkauft zu werden.

WIE KOMMT DAS SALZ AUF DIE ERDE?

Einst war die gesamte Erde von Meer bedeckt. Und wie heute war in dessen Wasser Salz gelöst. Dann führten tektonische Verschiebungen im Erdmantel zu gewaltigen Auffaltungen. Diese teilten den Urozean in eine Tiefsee und in seichtere Meere. Durch Sonneneinstrahlung verdunstete das Wasser in den flacheren Becken, wobei sich das Salz in dicken Schichten ablagerte. Aufgrund späterer Bewegungen im Erdmantel rutschten die Salzschichten oft kilometertief in die Erdrinde und wurden von jüngerem Gestein überlagert. Wollte man Salz, so musste es – wie Eisen, Erz und Kohle – aus der Erde geholt werden. Salzbergwerke auf allen Kontinenten künden davon, wie viel Anstrengung nötig war, um an den versteckten Stoff heranzukommen. Am Meer ist freilich weniger Mühe nötig. Auch auf Fuerteventura kommt das Salz nicht aus der Erde, sondern aus dem Atlantik.

WERTVOLLER ALS GOLD

»Auf Gold kann man verzichten, nicht aber auf Salz«, so wussten schon antike Gelehrte. Sie gaben dem Stoff den Namen Salus – so hieß der Gott der Gesundheit. Ohne Salz kein Leben, auch kein menschliches. Unser Speisesalz ist chemisch gesehen Natriumchlorid (NaCl) und besteht aus Natrium und Chlor. Natrium kommt im Körper als positiv geladenes Teilchen vor. Es hilft, Stoffe zu transportieren und steuert unseren Blutdruck. Das Chlorid, ein negativ geladenes Teilchen, reguliert unseren Wasserhaushalt und das elektrische Potenzial der Zellen – ohne Chlorid gibt es weder eine Weiterleitung von Sinnesreizen an die Nervenzellen noch Muskelarbeit oder einen korrekten Herzrhythmus. Da unser Körper Salz nicht selbst produzieren kann, es aber über Schweiß, Tränen und Urin ausscheidet, müssen wir es ihm zuführen. Ungefähr 5 g Salz pro Tag braucht ein erwachsener Mensch; nicht wesentlich weniger, aber auch nicht mehr – beides schadet dem Organismus. Wer zu wenig zuführt, leidet an Schwindel, Erschöpfung und Störung vieler Organe; wer zu viel davon hat, belastet Herz und Niere. Heute wird meist zu viel Salz konsumiert, denn es versteckt sich in Fertiggerichten, Wurst und Käse, in Instantsaucen und im Brot. Schätzungsweise 16 g Salz pro Tag nimmt jeder zu sich – das Dreifache der empfohlenen Menge.

EIN STOFF – VIELE VERWENDUNGEN

Doch Salz war früher noch aus einem weiteren Grund wichtig: Vor der Erfindung des Kühlschranks war es das wichtigste Konservierungsmittel. Salz entzieht den Zellen Wasser und hindert so Bakterien am Wachstum. So waren gesalzener Fisch und Fleisch länger haltbar und halfen über lange Winter und Hungerperioden hinweg. Dank Salz konnten Fuerteventuras Fischer wochenlang auf Fang gehen: Noch auf hoher See wurden die gefangenen Fische zerlegt, gesäubert und gesalzen, damit sie auf der Rückfahrt nicht verdarben. Derart haltbar gemacht, konnten sie dann selbst in abgelegene Dörfer des Landesinnern transportiert werden.
»Ihr seid das Salz der Erde«, sagte Jesus zu seinen Jüngern. In slawischen Kulturen reicht man Brautleuten Brot und Salz als Zeichen des ewigen

Bundes. Als begehrtes, überall anerkanntes Zahlungsmittel wurde es früher statt Geld oft als Entlohnung genutzt. Daran erinnern das französische Wort »salaire«, das englische »salary« und das deutsche »Salär« – das »Salz« lebt darin fort. Bis heute steht ein Salzstreuer auf fast jedem Tisch. Und selbst bei der Körperpflege wird Salz eingesetzt: Kosmetika werden mit Salz aus dem Toten Meer angereichert; Inhalationen in der Salzgrotte und Thalasso-Therapie mit erwärmten Meer(salz)wasser sollen den Organismus reinigen und regenerieren. Und wer im Krankenhaus am »Tropf« hängt, erhält in der Regel eine Kochsalzlösung.

EXISTENZ GESICHERT DURCH EU-UNTERSTÜTZUNG

Heute ist Salz fast überall auf der Welt ein billiges Massenprodukt, das schnell und in beliebiger Menge hergestellt werden kann. Kaum noch wird es in Bergwerken abgebaut oder in Salzgärten geerntet. Vielmehr kommt meist die sogenannte Bohrlochsolung zum Einsatz: Unterirdische Salzstöcke werden geflutet, wobei sich das Salz von den Wänden löst. Diese Rohsole wird abgepumpt, gereinigt und in einer Verdampfungsanlage erhitzt, bis das Salz auskristallisiert. Mit der billigen Industrieproduktion kann das traditionelle Handwerk nicht konkurrieren – überall in Europa mussten Salzgärten schließen. Seit ein paar Jahren aber werden sie von der EU unterstützt. Mit den Salinen soll nicht nur eine jahrhundertealte Technik erhalten werden, sondern auch eine Form der Landschaftsgestaltung.

EIN PARADIES FÜR ZUGVÖGEL

Und noch aus einem weiteren Grund sind Salinen erhaltenswert: Im Herbst legen Hunderte von Wandervögeln, darunter Steinwälzer, Wildenten und Raubwürger, manchmal sogar Flamingos, in den Salinen einen Zwischenstopp ein, bevor sie gen Süden weiterziehen. Hier finden Sie ihre Lieblingsnahrung, den Salinenkrebs, eine an extremen Salzgehalt angepasste Art. Um den Sauerstoffmangel in der Salzlake zu kompensieren, bildet er besonders viel Hämoglobin aus – dieses lässt die Salzbecken rosa erscheinen. Und auch eine salzliebende Algenart (Dunaliella salina) mögen die Vögel – sie sorgt im Becken gleichfalls für rötliche Töne. Vom Museumscafé der Salinas del Carmen aus können Sie die Salzfelder überblicken und sehen mit etwas Glück vielleicht auch einen der Vögel. Im ehemaligen Haus der Salinenarbeiter wird die Kulturgeschichte des Salzes illustriert und auch das Öko-System Salinen anschaulich vorgestellt (Di–So 10–18 Uhr, Eintritt 5 €).

Immer im Blick: Der Tafelberg Montaña Roja
(▶ S. 12) überragt den Norden der Insel.

TOUREN
AUF FUERTEVENTURA

DURCH DAS BERGLAND NACH BETANCURIA – AUTOTOUR ZUR ÄLTESTEN INSELSTADT

CHARAKTERISTIK: Durch eine eindrucksvolle Landschaft, gesäumt von erloschenen Vulkanen, gelangt man zur ältesten und schönsten Inselstadt – mit Abstechern zur brandungsumtosten Westküste **DAUER:** Tagesausflug **LÄNGE:** 172 km (mit Abstecher nach Ajuy) **EINKEHRTIPPS:** Princesa Arminda, Calle Juan de Béthencourt 2, Betancuria, Tel. 928 87 89 79, 12–17 Uhr €€ | Bar am Kirchplatz in Antigua, Mo–Sa ab 8 Uhr

 C 7

Ausgangspunkt dieser Tagestour ist der Ferienort Costa Calma, wo Sie auf der FV-2 in Richtung Nordosten starten. Bei Tarajalejo verlassen Sie die Küste und fahren landeinwärts. Über **Tuineje** mit seiner hübschen Kirche erreichen Sie **Tiscamanita**, das erste »Windmühlendorf«. Wenn Sie Fotos machen wollen, warten Sie lieber noch ein paar Minuten – das schönere Motiv finden Sie in **Antigua**. Dort ist die restaurierte Mühle (**Molino de Antigua**) am Nordausgang des Ortes Teil eines Freilichtmuseums. Außerdem wartet der Ort mit einem hübschen historischen Zentrum auf: Der Platz vor der Kirche wurde aufwendig modernisiert und mit vielen Palmen bepflanzt. Restauriert hat man auch ein altes, ganz aus Naturstein erbautes Gutsherrenhaus hinter der Kirche. Mit seinen Innenhöfen und den Holz- und Steinmetzarbeiten vermittelt es einen guten Eindruck davon, wie wohlhabende Inselbürger der Kanaren in früheren Zeiten lebten. Da im Haus die öffentliche **Bibliothek** (»biblioteca«) des Ortes untergebracht ist, können Sie sie besichtigen.

Antigua ▶ Betancuria

Auf der Weiterfahrt fühlt man sich an die Worte des Schriftstellers und Philosophen Miguel de Unamuno erinnert, der beim Anblick Fuerteventuras an La Mancha dachte, die Heimat Don Quijotes: auch hier zerfurchte Berge und von der Sonne ausgedörrte Ebenen, Dörfer voll morbider Melancholie und als Besonderheit die Windmühlen, angetrieben vom stetig wehenden Wind. Die Straße beschreibt einen Halbkreis und schraubt sich an einem Denkmal altkanarischer Herrscher zum Gebirgskamm hinauf. Ein kurzer Abstecher führt zum **Mirador Morro Velosa** ⭐, wo Sie einen atemberaubenden Blick genießen. Wieder retour auf der GC-30 passieren Sie sogleich den Aussichtspunkt **Mirador Morro de la Cruz** mit zwei gigantischen Figuren: Arg heroisiert stellen sie Guize und Ayose, die beiden letzten altkanarischen Inselherrscher, dar. Nur wenige Kilometer südlich folgt **Betancuria** ⭐, der Höhepunkt dieser Tour mit interessanten kulturhistorischen Bauten. Die ehemalige Inselhauptstadt ist nach ihrem

Gründer, dem normannischen Adeligen Jean de Béthencourt, benannt. Gegenüber der mächtigen Kathedrale statten Sie der **Casa Santa María** einen Besuch ab. Hier können Sie sich in die Vergangenheit entführen lassen und Kunsthandwerkern bei der Arbeit zuschauen. Im **Museo Arqueológico y Etnográfico de Betancuria** sind prähispanische Funde ausgestellt.

Betancuria ▶ Ajuy

Mit majestätischen Palmen überrascht der Wallfahrtsort **Vega de Río Palmas**. Am Aussichtspunkt an der Gemeindegrenze, markiert durch das Portal »Municipio de Betancuria«, sieht man oft putzige Atlashörnchen, die von den Urlaubern Futter erhoffen – leider verbietet ein Schild, sie zu füttern. Von **Pájara** lohnt sich ein Abstecher ins Fischerdorf **Ajuy**. Wenn Sie Zeit haben,

spazieren Sie über den Klippenweg zur **Caleta Negra**, der vom Meer ausgewaschenen »Schwarzen Höhle«. Dann geht es zurück nach Pájara, von wo aus Sie auch auf den folgenden 30 km wilde Romantik umgibt.

Pájara ▶ Costa Calma

Mit etwas Glück erleben Sie in **La Pared** einen romantischen Sonnenuntergang. Über die 5 km schmale Landenge, welche die Halbinsel Jandía vom Rumpf der Insel trennt, geht es zum Ausgangspunkt der Tour zurück.

INFORMATIONEN

Biblioteca (Antigua) ▶ S. 94
Casa Santa María (Betancuria)
▶ S. 96
Molino de Antigua ▶ S. 94
Museo Arqueológico y Etnográfico de Betancuria ▶ S. 97

Nomen est omen: Die Caleta Negra (▶ S. 125) ist tatsächlich eine schwarze Bucht. Das Meer hat hier in Jahrtausenden bizarre Formen ins Lavagestein gewaschen.

DURCH DEN KARGEN INSELNORDEN – TAGESAUSFLUG IN EINE FREMDE WELT

CHARAKTERISTIK: Altkanarische Kultberge, Geisterdörfer und Sicheldünen – zwischen Corralejo und Antigua lernen Sie eine Landschaft aus Ocker- und Gelbtönen kennen, fremd und wundersam eintönig **DAUER:** Tagesausflug **LÄNGE:** 134 km (ohne Abstecher nach El Puerto de los Molinos) **EINKEHRTIPPS:** Gute Fischlokale gibt es in El Cotillo, z. B. direkt am Meer: Playa, Calle Requena 5, El Cotillo, Tel. 928 53 86 93, tgl. ab 11 Uhr €€

 **F 1**

Von Corralejo fahren Sie ostwärts durch die helle Dünenlandschaft von **El Jable**. Am roten Tafelberg der Montaña Roja beginnen die Sandfelder allmählich zu verebben. Vorbei an Parque Holandés, einer etwas verwaisten Feriensiedlung, erreichen Sie die Hauptstadt **Puerto del Rosario**. Hier lohnt sich ein Bummel an der attraktiven Ufermeile, außerdem ein Besuch im liebevoll eingerichteten Unamuno-Museum (**Casa Museo Unamuno**), das an Fuerteventuras berühmtesten Verbannten erinnert.

Puerto del Rosario ▶ **La Ampuyenta**
Über eine Ebene, die im Frühjahr in ein Meer weiß blühender Mandelbäume getaucht ist, gelangt man nach **Casillas del Ángel**. Sehenswert ist die spätbarocke Iglesia Santa Ana mit reich verziertem Hochaltar. Die Kirche besitzt eine Barockfront aus dunklem Lavagestein. Schlichter, doch nicht weniger imposant wirkt die Kapelle von La Ampuyenta: Das weiß getünchte Kirchlein ist von einer maurisch anmutenden Wehrmauer eingefasst, der Altarraum vom Boden bis zur Decke mit Szenen aus dem Leben des heiligen Pedro de Alcántara ausgemalt. Am

südlichen Ortsausgang erinnert die bescheiden ausgestattete Casa Museo Dr. Mena (zurzeit geschl.) an den Arzt Tomás Mena y Mesa, der dem Dorf im 19. Jh. ein Krankenhaus stiftete.

La Ampuyenta ▶ **Antigua**
Der Gemeindeort **Antigua** folgt 5 km weiter südlich und begrüßt den Besucher mit einem Museumsdorf, dem **Molino de Antigua**. Hier kann inmitten eines großen Lavagartens die größte Windmühle der Insel bestaunt werden. Auch der Besuch des Ortszentrums von Antigua lohnt sich: Schön gestaltet mit Naturstein, Holzplanken und vielen Palmen ist der Kirchplatz. Eine Sehenswürdigkeit ist auch die benachbarte **Biblioteca**, untergebracht in einem aufwendig restaurierten Anwesen mit romantischem Innenhof und original erhaltenem Backofen.

Antigua ▶ **Tefía**
Über **Llanos de la Concepción** treten Sie die Rückfahrt an. Durch ein weites Tal, in dem die Berge wie einsame Monumente aufragen, erreichen Sie **Tefía** **8**. Heute lebt fast niemand mehr in diesem Dorf, doch sind seine Häuser und Mühlen glanzvoll restauriert. Mit EU-Geldern wurden sie in

ein Freilichtmuseum verwandelt, das die einstige bäuerliche Alltagskultur zeigt. Lohnenswert ist auch ein Abstecher nach **El Puerto de los Molinos**, wo sich die Brandung wild an die Klippen wirft (hin und zurück 20 km).

Tefía ▶ Corralejo

Ein Vulkan überragt die Ortschaft **Tindaya**: Mit seinen prähispanischen Felszeichnungen gilt er den Inselbewohnern als »heiliger Berg«. Der Gemeindesitz des Nordens ist **La Oliva**, ein Ort mit imposanter Pfarrkirche und einem großen, heute als Galerie genutzten Obristenpalais (**Casa de los Coroneles**). Im Haus nebenan gibt es noch mehr Kunst: Die **Casa Mané** zeigt kanarische Klassiker unter- und oberirdisch. Und auch ein kleines Landwirtschaftsmuseum (**Museo del Grano**) gibt es in La Oliva. Zielpunkt der Fahrt ist **El Cotillo** an der Nordwestküste der Insel, wo Sie sich in einem der hübschen Fischlokale stärken können. Auf dem Rückweg durch karges Land nach Corralejo, dem Ausgangspunkt der Tour, empfiehlt sich ein Abstecher nach **Villaverde**: In der Lavahöhle **Cueva del Llano** steigt man in die Unterwelt hinab und macht Bekanntschaft mit seltenen Tieren.

INFORMATIONEN

Biblioteca (Antigua) ▶ S. 94
Casa de los Coroneles (La Oliva) ▶ S. 105
Casa Mané (La Oliva) ▶ S. 106
Casa Museo Unamuno (Puerto del Rosario) ▶ S. 88
Cueva del Llano (Villaverde) ▶ S. 116
Molino de Antigua ▶ S. 94
Museo del Grano (La Oliva) ▶ S. 107

Sitz der Götter: Der Berg Tindaya oberhalb des gleichnamigen Dorfes (▶ S. 113) ist den Inselbewohnern heilig. Am Gipfel erinnern stilisierte Fußabdrücke an die Ureinwohner.

ZU DEN STRÄNDEN VON BARLOVENTO – DIE LETZTE UNERSCHLOSSENE KÜSTE DER KANAREN

CHARAKTERISTIK: Die Westseite der Halbinsel Jandía gehört zum Schönsten, was Fuerteventura zu bieten hat: Am Fuß einer schroff zerklüfteten, bis zu 800 m aufragenden Gebirgskette erstreckt sich die herrliche Playa de Barlovento. Man kann stundenlang durch hellen Sand laufen und grandiose Einsamkeit genießen. Für  die Tour empfiehlt sich ein Jeep **DAUER:** Tagesausflug **LÄNGE:** 40 km **EINKEHRTIPP:** Bar Cofete, tgl. 11–18 Uhr € ⚑ B 8

Nahe dem Hafen von **Morro Jable** zweigt eine Piste ab (ausgeschildert »Punta de Jandía«), die sich am Fuß des Jandía-Massivs westwärts schlängelt. Nach 4 km quert sie Gran Valle, das »große Tal«, passiert die aufgelassene Tomatenplantage von Casas de Jorós und führt weiter zu einer Gabelung (Km 11,5). Hier hält man sich rechts. In vielen Serpentinen windet sich die Piste zur Passhöhe Degollada de Agua Oveja hinauf, die – sofern Wind und Wetter es zulassen – einen überwältigenden Panoramablick über die Westküste eröffnet.

Villa Winter ▶ Playa de Barlovento

Danach geht es durch viele Haarnadelkurven hinab. Nach 2,4 km besteht die Möglichkeit, links einen kurzen Abstecher zum **Roque del Moro** zu unternehmen. Der »Fels des Mauren« ist ein von der Küste abgesprengter Monolith, der von der Brandung umspült am Strand steht – ein schönes Bild!

Auf der Hauptpiste ist nach weiteren gut 3 km **Cofete** erreicht. Steinhäuser ducken sich im Schatten der Berge, in einem Terrassenrestaurant können Sie sich ein wenig von den Strapazen der Fahrt erholen. Wer den Blick landeinwärts schweifen lässt, erkennt am Fuß des Gebirges, ca. 1,5 km entfernt, die Ruine einer Villa. Noch im Verfall wirkt sie feudal, ihr Rundturm erscheint als Ausguck in die Unendlichkeit des Atlantiks. In die alten Türen ist ein großes »W« eingearbeitet. Denn erbaut wurde die **Villa Winter** für den deutschen Militäringenieur Gustav Winter, der 1937 auf die Halbinsel Jandía kam, in der Tasche einen von Franco-Offizieren genehmigten Pachtvertrag. Mit einem Stacheldrahtzaun riegelte er die Gegend ab und ließ kurz darauf Flugrampen und einen Leuchtturm errichten. Offiziell hieß es, er plane den Bau einer Fischereifabrik – diese wurde jedoch nie realisiert. Welche Rolle aber spielte Gustav Winter wirklich? Man weiß, dass er mit der Konstruktion von U-Boot-Stützpunkten im besiegten Frankreich betraut war. Kann es sein, dass für Fuerteventura, vor dessen »neutraler« Küste deutsche Kriegsboote patrouillierten, Ähnliches geplant war?

Nach Besichtigung der Ruine empfiehlt sich ein Spaziergang oder ein Lauf am Strand – so weit die Füße tragen und immer weiter Richtung Nordosten. Zunächst verläuft der Weg an der **Playa de Cofete** entlang, an die sich in nordöstlicher Richtung die **Playa de Barlovento** anschließt. Beide Strände stehen unter Naturschutz und sind nur durch die Felsklippe El Islote voneinander getrennt. Bei den Einheimischen trägt das vorspringende Kap den Namen »Roque de las Siete Mujeres« (Fels der Sieben Frauen) und erinnert damit an sieben junge Mädchen, die bei einem Bad an der stürmischen Nordseite der Halbinsel Jandía ertranken. Damit Sie als Besucher nicht das gleiche Schicksal ereilt, sollten Sie mit dem Baden äußerst vorsichtig sein. Wer sich in die Fluten wagt, muss mit tückischen Unterströmungen rechnen, denen wohl auch besagte sieben Mädchen zum Opfer fielen.

Playa de Barlovento ▸ Punta Faro de Jandía

Die Rückfahrt können Sie wunderbar mit einem Abstecher zur Südwestspitze der Insel (Punta Faro de Jandía) kombinieren. Hält man sich an der Gabelung (Km 11,5) rechts, kommt man zum **Faro de Jandía**, dem Leuchtturm am westlichsten Punkt Fuerteventuras, der 1864 in Betrieb genommen wurde. Dort wie auch an der nördlich gelegenen Punta Pesebre genießt man einen spektakulären Sonnenuntergang. Anschließend können Sie sich mit einem guten Fischeintopf in einem der Dorflokale stärken, bevor Sie auf der 20 km langen Schotterpiste zur Ortschaft Morro Jable zurückfahren.

Nur über eine Piste oder zu Fuß erreicht man die Playa de Cofete (▸ S. 99). Kein Wunder also, dass sich hier meist nur wenige Touristen tummeln – eine paradiesische Ruhe.

AUF DER FELSINSEL LOBOS – MIT DEM BOOT ZUR »INSEL DER WÖLFE«

CHARAKTERISTIK: Auf der unter Naturschutz stehenden Felsinsel vor Fuerteventuras Nordküste gibt es keine Autos und Straßen, stattdessen Seevögel, Lagunen und einen »Muschelstrand« **DAUER:** Tagesausflug **EINKEHRTIPP:** Das Lokal in Casas del Puertito serviert Essen nach Vorbestellung – am besten gleich nach Ankunft reservieren! Alternative: Mitnahme von Proviant und Trinkwasser **AUS-**

KUNFT: Centro de Visitantes (mit dem Skelett eines Grindwals am Eingang), tgl. 10–15 Uhr
KARTE: S. 131

Hält man sich an der Anlegestelle von **Lobos** 🔟 links, kommt man zu Fuß nach fünf Minuten zur kleinen **Playa de la Concha**, einer hellsandigen, geschützt gelegenen Badebucht. Wer beim Ausflug etwas mehr von der Insel sehen möchte, geht von der Mole nach rechts und erreicht bald die **Casas del Puertito**, einen weltverlorenen Weiler mit einer Handvoll Steinhäuser, grün schimmernden Lagunen und vorgelagerten Riffs. Ein einziges Lokal hat sich auf Tagesausflügler eingestellt und serviert fangfrischen Fisch.

Casas del Puertito ▶ Las Lagunillas
Für die Rundwanderung (7 km) planen Sie am besten zwei Stunden ein. Gleich hinter dem Weiler schwenkt der Weg nach Norden, führt an Buchten vorbei, die von Lavaarmen umschlungen sind. Man nennt sie Las Lagunillas: die kleinen Lagunen. Auf Salzwiesen, die oft vom Meer überflutet sind, gedeihen seltene Pflanzen; Möwen und Sturmtaucher stöbern durch das Gestrüpp.

Las Lagunillas ▶ Montaña de Lobos
Nach etwa einer Stunde grüßt der Leuchtturm vom Nordkap der Insel. Inzwischen ist das dort befindliche

Leuchtfeuer automatisiert. Vom Aussichtsplateau schauen Sie auf wellengepeitschte Klippen hinab, übers Meer schweift der Blick zu den Papagayo-Stränden auf Lanzarote. Spektakulär ist auch der Blick aufs Inselinnere: Hornitos, kleine graue Vulkanöfen, ragen aus der sandverwehten Ebene. Vom Leuchtturm folgen Sie der Hauptpiste in südwestlicher Richtung. Nach 15 Minuten zweigt rechts ein Pfad ab, der zum 127 m hohen Berg **Montaña de Lobos** hinaufführt. Nach nur 30-minütigem Aufstieg ist das Gipfelplateau erreicht: Sie stehen am Rande eines großen Kraters, dessen westliches Drittel im Meer versunken ist.

Montaña de Lobos ▶ Playa de la Concha
Sie gehen dann zum Hauptweg zurück, der Sie zur **Playa de la Concha**, dem »Muschelstrand«, bringt: eine halbkreisförmige Bucht mit hellem Sand, wind- und brandungsgeschützt – ein wunderbarer Flecken zum Ausruhen. Vom Strand sind es nur etwa fünf Minuten zur Anlegestelle, von wo Sie das Schiff nach Corralejo zurückbringt. Übrigens wurde im Jahr 2012

auf der Insel Lobos ein sensationeller Fund gemacht: An der Küste entdeckten Archäologen die Fundamente einer 18 x 6 m großen römischen **Purpur-Manufaktur** , in der vom 1. Jh. v. Chr. bis zum 1. Jh. n. Chr. Krustentiere »geerntet« wurden. Aus ihnen gewann man Purpur, eine Farbe, die damals sehr begehrt war. Die Archäologen bargen Schalen von ca. 70 000 Tieren, dazu Keramikstücke, Eisen- und Bronzefragmente sowie Knochen von Ziegen. Sensationell ist der Fund deshalb, weil seither zum ersten Mal belegt werden kann, dass römische Seeleute mit ihren Booten tatsächlich die Kanaren anliefen. Was lange vermutet wurde, kann nun bewiesen werden: Die Beschreibung der »Glücklichen Inseln« in antiken Texten geht auf die tatsächliche Kennntnis des kanarischen Archipels zurück. Bis 2016 sollen die archäologischen Ausgrabungen andauern, um Licht ins Dunkel der Vergangenheit zu bringen. Dann wird der Fundort öffentlich zugänglich gemacht.

INFORMATIONEN

Zwischen Corralejo und Lobos verkehren täglich mehrere Ausflugsschiffe, die Fahrtdauer beträgt 20 Minuten. www.islalobos.es

Isla de Lobos

0   1,2 km

N

Faro de Lobos
Punta Martiño
Caleta de la Madera
Playa del Sobrado
Parque
· 58
50
Morro Colorado
Roque del Este
Playa La Arena
Caleta del Palo
Montaña
Hornitos
Punta Salidero   127
Montaña de Lobos
de la
Caldera
Natural
La Caleta
Las Lagunillas
Punta El Marrajo
Casas del Puertito
Playa de la Concha
El Roque
Corralejo
Caleta de la Rasca
Atlantischer
Ozean
El Río
Punta de Tivas
Fuerteventura

© MERIAN-Kartographie

ZUR NACHBARINSEL LANZAROTE – BEGEGNUNG MIT DER UNGLEICHEN SCHWESTER

CHARAKTERISTIK: Von Corralejo starten mehrmals täglich Fähren nach Playa Blanca im Süden Lanzarotes, die einen ganz anderen Charakter aufweist als ihre Schwesterinsel Fuerteventura. Im Rahmen eines Tagesausflugs lassen sich höchst unterschiedliche Landschaften kennenlernen: die Weinregion, die mit ihren Weinmulden als »Kunstwerk« gilt, die dunklen Feuerberge, eine smaragdgrüne Lagune und die geometrischen Salzgärten von Janubio **ANFAHRT:** Auf den Fähren der Reedereien Olsen und Armas ist die Mitnahme des Autos möglich. Alternativ kann man in Playa Blanca einen Wagen mieten; günstige Angebote macht Cabrera Medina (Calle Limones 40, Tel. 9 28 51 78 11) **DAUER:** Tagesausflug **LÄNGE:**

90 km **EINKEHRTIPP:** Casa Torano, El Golfo, Av. Martíma 34, Tel. 928 17 30 58, www.restaurantecasatorano.com, Di–So ab 11 Uhr €€
KARTE: S. 133

Von Playa Blanca im Süden Lanzarotes geht es auf einer Schnellstraße durch eine weite, ausgeglühte Ebene nach **Yaiza**, das schon mehrfach zum schönsten Dorf Spaniens gekürt wurde: Die Häuser sind so weiß, als würden sie jedes Jahr neu gestrichen. Über Uga erreicht man die Weinregion **La Geria**. Das gewellte Tal ist mit Lavagrus – porösen kleinen Lavasteinchen – bedeckt, Tausende symmetrisch angelegter Mulden bergen grüne Reben. Wein kann hier nur gedeihen, weil es ihm gelingt, die Wurzeln bis zum fruchtbaren Mutterboden hinabzusenken. Zusammen mit Teneriffa ist Lanzarote die größte Weinproduzentin des kanarischen Archipels. Am besten ist der Malvasier, der vom trockenen Begleitwein (»seco«) bis zum süßen Dessertwein (»dulce«) angeboten wird. In mehreren Bodegas entlang der Straße kann man den Malvasía und auch

andere Tropfen kosten. Eine gute Einführung in den Weinanbau erhält man in der **Bodega El Grifo**, die ein kleines Museum unterhält (Carretera de Masdache 121, tgl. 10–18 Uhr).

La Geria ▸ Timanfaya

In **Mozaga** erwartet Sie das umstrittene, von Manrique entworfene Fruchtbarkeitsdenkmal, gleich daneben ein Bauernmuseum (Museo del Campesino) mit Restaurant und Café. Weiter geht die Fahrt über Tiagua nach **Mancha Blanca**. Südwestlich des Orts können Sie sich im Besucherzentrum einen Überblick über den Vulkanismus verschaffen. Kurz darauf erleben Sie die Naturkräfte »live«. Die Eintrittskarte, die Sie an der Schranke zum **Nationalpark Timanfaya** lösen, enthält eine Vorführung am Feuer speienden Hilario sowie eine Busfahrt durch die Mondlandschaft von Timanfaya (Eintritt 8 €). Anschließend kann man sich im Panoramarestaurant mit einem Stück Fleisch, das über der Erdhitze gebraten wurde, stärken. Kegel und Krater des Vulkans sind zwischen 1730 und 1736 entstanden; der vorläufig letzte Ausbruch erfolgte 1824.

Timanfaya ▶ Playa Blanca

Auf dem Rückweg empfiehlt sich ein Abstecher nach **El Golfo**. Am Ortseingang des Fischerdorfes führt ein Weg in fünf Minuten zu einem Aussichtspunkt: Am Fuß rötlicher Lavahänge erblicken Sie einen giftgrünen Kratersee, nahebei brechen sich hohe Wellen. Nach dem verdienten Fischmahl am Meer führt Sie die Straße an der zerklüfteten Hervideros-Küste entlang: An einem Parkplatz können Sie anhalten und betrachten, wie die Brandung das Wasser durch Felslöcher presst, das alsdann in meterhohen Gischtfahnen in die Höhe schießt. Kurz darauf kommen Sie zu den **Salinen von Janubio**, wo noch heute Meersalz gewonnen wird. Inmitten einer weiten Lagune wurden schachbrettartige, von Mauern gesäumte Salzfelder angelegt. In **Playa Blanca**, dem Start- und Endpunkt des Ausflugs, können Sie bis zur Abfahrt des Schiffes ein wenig über die Promenade schlendern, von wo der Blick übers Meer bis zum 15 km entfernten Fuerteventura reicht. Und wenn Sie etwas mehr Zeit haben, könnten Sie südostwärts am Meer entlang in 20 Min. zum Yachthafen **Rubicón** laufen.

So zart das Gel der Aloe-vera-Pflanze (▶ S. 35),
so hart ist ihre Ernte im Inselinneren.

FUERTEVENTURA
ERFASSEN

AUF EINEN BLICK

Hier erfahren Sie alles, was Sie über Fuerteventura wissen müssen – kompakte Informationen über Land und Leute, von Bevölkerung und Sprache über Geografie und Politik bis Religion und Wirtschaft.

BEVÖLKERUNG

Auf Fuerteventura leben rund 102 000 Menschen, das sind 61 pro qkm. Die Insel ist somit deutlich schwächer besiedelt als die Nachbarinseln Lanzarote, Gran Canaria und Teneriffa.

LAGE UND GEOGRAFIE

Der Kanarische Archipel liegt mehr als 1000 km von der Iberischen Halbinsel, aber an der Ostküste Fuerteventuras nur etwa 100 km von Kap Juby in der heutigen Westsahara entfernt. Er hat eine Gesamtfläche von ca. 7500 qkm und gehört geografisch zu Afrika, politisch aber zu Europa.

Mit 1732 qkm ist Fuerteventura die zweitgrößte und mit 22 Mio. Jahren erdgeschichtlich die älteste Insel des Archipels. Sie ist 120 km lang und hat die Form eines Bumerangs. An ihrer breitesten Stelle misst sie 31 km. Die Küste hat eine Gesamtlänge von 326 km, davon sind 55 km reiner Sandstrand. Im Norden ist die höchste Erhebung der Atalaya (726 m), im Süden der Pico de la Zarza (807 m). Während im Westen die Berge schroff zur Küste

◄ Nur sehr selten dienen Esel heute noch als Nutztiere in der Landwirtschaft.

hin abfallen, bilden sich im Osten weite Täler, die durch sogenannte »cuchillos« (Messer) voneinander getrennt sind; dort gleiten die Hänge sanft zur Küste hin ab und münden in Strände. 2009 wurde Fuerteventura zum UNESCO-Biosphärenreservat erklärt. Dieses umfasst nicht nur das gesamte Landgebiet der Insel, sondern auch einen fünf Seemeilen breiten Küstenstreifen im Osten und einen drei Seemeilen breiten Streifen in den übrigen Teilen der Insel.

POLITIK UND VERWALTUNG

Fuerteventura gehört zur kanarischen Ostprovinz, die außerdem noch die Nachbarinseln Gran Canaria und Lanzarote umfasst. Ihre Hauptstadt ist Las Palmas de Gran Canaria. Innerhalb Spaniens bilden die Ostinseln gemeinsam mit der Westprovinz (Teneriffa, La Palma, Gomera, El Hierro) die autonome Region »Canarias«. Jede einzelne Insel wird vom Inselrat (Cabildo Insular) verwaltet.

SPRACHE

Wer die Insel erkunden und in kanarischen Bars etwas bestellen möchte, sollte zuvor ein paar Brocken Spanisch lernen. Ob er damit auch verstanden wird, sei jedoch dahingestellt. Weil die Canarios im Laufe ihrer Geschichte mehr Kontakt mit Lateinamerika als mit dem spanischen Mutterland hatten, hat sich ein spezifischer Dialekt herausgebildet. Zusätzlich gibt es im kanarischen Spanisch eine Reihe berberischer Ausdrücke der Ureinwohner,

von Portugiesen und Franzosen »geerbte« Wörter aus der Kolonialzeit sowie englische Begriffe aus der Zeit des Informal Empire. Und dadurch, dass die Kanarier viele Laute verschlucken, wird es noch schwerer sie zu verstehen.

WIRTSCHAFT

Der Tourismus ist der ökonomische Motor der Insel, mehr als die Hälfte der Urlauber kommen aus Deutschland, Österreich und der Schweiz. Zuletzt zählte Fuerteventura 2,2 Mio. Touristen pro Jahr, die zusammen Einkünfte in Höhe von 1,51 Mrd. Euro generierten. Diese sind unter den Insulanern freilich höchst unterschiedlich verteilt. Es gibt auf Fuerteventura so gut wie keine Industrie, trotz hoher EU-Subventionen sind Landwirtschaft und Fischerei auf dem Rückzug. Exportiert werden noch kleine Mengen Ziegenkäse, aber kaum noch Tomaten. Die Kosten für die Bewässerung des Landes übertreffen mittlerweile den Ertrag, da lohnt kein landwirtschaftlicher Anbau. Die Niederschlagsmenge ist überaus gering, Passatwolken treiben über die Insel hinweg und treffen auf keine hohen Berge, an denen sie sich abregnen könnten.

AMTSSPRACHE: Spanisch
EINWOHNER: 102 000, davon ca. 29 % Ausländer
FLÄCHE: 1732 qkm
GRÖSSTE STADT: Puerto del Rosario
HÖCHSTER BERG: Pico de la Zarza, 807 m
INTERNET: www.cabildofuer.es
RELIGION: vorwiegend römisch-katholisch
WÄHRUNG: Euro

GESCHICHTE

Erst kamen die Berber aus Nordwestafrika, dann die Eroberer aus Europa. Jahrhundertelang zwang der Hunger Fuerteventuras Bewohner zur Emigration. Mit dem Tourismus hat sich alles geändert: Aus dem Armenhaus wurde eine Wohlstandsoase.

2000 v. Chr. – 1. Jh. v. Chr.
Erste Besucher und Bewohner

Vermutlich sind es **Phönizier**, die bei ihren Fahrten von Cádiz entlang der afrikanischen Küste zufällig auf die östlichen Kanaren stoßen, hier aber nicht dauerhaft siedeln. Vielmehr sind es **Berber** aus Nordwestafrika, die sich ab ca. 500 v. Chr. auf Fuerteventura und den Nachbarinseln niederlassen. Wie sie auf den Archipel gelangt sind, ist unbekannt. Kommen sie freiwillig oder werden sie als römische Strafgefangene zwangsversetzt? Eine jüngst auf der Insel Lobos freigelegte Siedlung aus dem 1. Jh. v. Chr. belegt, dass Fuerteventura auch von römischen Seeleuten angesteuert wurde.

Die Ureinwohner sind in Sippen organisiert, denen ein Häuptling vorsteht. Sie leben als Ziegenhirten, Bauern und Küstenfischer auf der Insel, die sie **Maxorata** nennen. Zur Nahrungszubereitung benutzen sie Tongefäße, wie man sie bis heute in Mauretanien kennt: eiförmige Vorratskrüge, rundbauchige Töpfe zum Milchkochen, flache Schalen zum Braten von Fisch und Fleisch. Die Feuerstellen befinden sich in den halb im Boden versenkten Steinbehausungen (»casas hondas«), die vor dem starken Wind schützen. Eine Hirtensiedlung wurde in La Atalayita bei Pozo Negro restauriert; im Archäologischen Museum in Betancuria sind Keramik- und Knochenfunde ausgestellt.

| 2000 v. Chr.– 1. Jh. v. Chr. | 1. Jh. v. Chr.– 4. Jh. n. Chr. | Die Kanaren am Rand des Römischen Reichs | 1336 | Lancelotto Malocello entdeckt die Insel Lanzarote, lässt sie drei Jahre später auf einer Weltkarte als »Insula de Lanzarotus Marocelus« verorten. Die Nachbarinsel erscheint als »Laforte Ventura«. |

Erste Besucher und Bewohner

1. Jh. v. Chr. – 4. Jh. n. Chr.
Kanaren am Rand des Reichs

Mit der Unterwerfung Nordafrikas durch die **Römer** werden die Atlantikinseln Ziel von Expeditionen, die recht genaue Angaben über ihre Lage erlauben. In seiner »Naturalis Historia« berichtet Plinius der Ältere von einer Reise, die im Auftrag eines römischen Vasallen, des mauretanischen Königs Juba II., 25 v. Chr. erfolgt. Erstmals werden die »Glücklichen Inseln« (Insulae Fortunatae) geografisch verortet und mit Namen versehen. Aufgrund der gefundenen Farbpflanzen wird Fuerteventura mit der Isla de Lobos und Lanzarote zu den »Purpurinseln« gezählt. Mit dem Zerfall des Römischen Reichs geraten die Atlantikinseln in Europa in Vergessenheit.

1336 »Wiederentdeckung« durch die Europäer

1291 brechen in Genua, der damals führenden Handelsmacht, die Brüder Vivaldi zu einer Expedition jenseits der Straße von Gibraltar auf. Ihr Ziel ist es, einen Seeweg nach Indien, dem Land unermesslicher Reichtümer, zu erschließen. Sie kehren nicht zurück, doch bleiben Genueser im Atlantik aktiv und erhalten aufgrund ihrer Expertise vom portugiesischen König den erblichen (!) Oberbefehl über seine Flotte. 1336 wird der Genueser **Lancelotto Malocello** mit einer Expedition zur afrikanischen Küste betraut. Dabei »entdeckt« er den in Europa vergessenen Archipel. Er landet auf der östlichsten Insel und lässt dort ein Fort errichten. Nach seiner Rückkehr wird er die Insel – seinem eigenen Namen entsprechend – auf einer Weltkarte als »Insula de Lanzarotus Marocelus« eintragen, die Nachbarinsel lässt er als »Laforte Ventura« eintragen. Zugleich wird ein Herrschaftsanspruch erhoben: Wen kümmert es, dass dort Altkanarier leben? Da sie keine Christen sind, gelten sie laut mittelalterlicher Rechtsauffassung nicht als vollwertige Menschen. Der portugiesische König legt nach und verkündet, die entdeckten Inseln seien herrenlos, »da wir bisher niemandem ein Privileg erteilt haben, sie zu besiedeln und urbar zu machen«.

1402–1406
Der normannische Adelige Jean de Béthencourt erobert erst Lanzarote, dann Fuerteventura und El Hierro im Auftrag der kastilischen Krone.

1448
Die Adelsfamilie Herrera übernimmt die feudale Herrschaft.

1479
Papst Sixtus IV. spricht im Vertrag von Alcáçovas die Kanaren Spanien zu. Im Gegenzug erhält Portugal Westafrika und alle übrigen Atlantikinseln.

Fortan werden die Kanaren mehrfach von Seefahrern angesteuert, die Einwohner entführen, um sie als Sklaven zu verkaufen. Der Papst entsendet 1351 Missionare, die sich auf der Nachbarinsel Gran Canaria niederlassen.

1402–1406 Jean de Béthencourt erobert Lanzarote

Aufgrund innenpolitischer Wirren kann Portugal seinen Besitzanspruch nicht in die Tat umsetzen. Stattdessen wird die **kastilische Krone** aktiv. 1402 entsendet sie den normannischen Adeligen Jean de Béthencourt, die Inseln zu erobern. 1402 unterwerfen seine Söldnertruppen Lanzarote und 1405 Fuerteventura, das zur Zeit der Eroberung in zwei Herrschaftsgebiete unterteilt ist. Zusätzliche Motivation erhalten die Eroberer seitens der Kirche: Kurz zuvor hatte der Papst in einer Bulle verkündet, dass alle, die am kastilischen »Kreuzzug« teilnähmen, von ihren Sünden befreit würden. Nach der Eroberung müssen sich jene Ureinwohner, die das Gemetzel überleben, taufen lassen und christliche Namen

annehmen. Papst Benedikt XIII. würdigt die Missionierung des ersten außereuropäischen Volkes, indem er das kurz zuvor gegründete Betancuria zum Bistum erklärt. Béthencourt nimmt 1405 noch die kleine Insel El Hierro ein, scheitert aber an den bevölkerungsreichen Inseln Gran Canaria, La Palma und Teneriffa. Er nennt sich fortan »König der Kanaren« und sichert sich und seinen Rechtsnachfolgern einen profitablen Feudalstatus. 1406 verlässt er die Kanaren und beauftragt fortan seinen auf Lanzarote residierenden Neffen Maciot mit der Regierung.

1448 Die Adelsfamilie Herrera übernimmt die feudale Herrschaft

In den Folgejahren wechseln die eroberten Inseln mehrfach den Besitzer, bleiben aber kastilisch. 1448 übernimmt die Adelsfamilie Herrera die Herrschaft: Mehr als 400 Jahre werden ihr die Einwohner Fuerteventuras ausgeliefert sein. Anders als Gran Canaria, Teneriffa und La Palma, die später (1478–96) von königlichen Truppen

Ende 16. Jh. Der Gold- und Silbertransport von Amerika nach Spanien lockt Piraten an. Mehrfach wird Fuerteventura von Seeräubern überfallen.

1530 Der Inselherrscher verlegt seine Residenz nach Gran Canaria und verpachtet das Land gegen eine horrende Festsumme, unabhängig vom Ernteertrag. In Dürrejahren herrscht Notstand: Zahlreiche Bauern emigrieren, um der Abgabepflicht zu entkommen.

1492 Kolumbus startet von den Kanaren seine erste Expeditionsfahrt Richtung Neue Welt.

unterworfen werden und direkt der Krone unterstehen, darf auf Fuerteventura der Adelsclan absolut herrschen: Er verfügt nicht nur über alle wirtschaftlichen Ressourcen, sondern ist zugleich Steuereintreiber und oberste Rechtsinstanz. Die Erträge der Landwirtschaft werden durch Raubzüge entlang der afrikanischen Küste aufgebessert. Dort besorgt sich der Inselherrscher nicht nur lebensnotwendige Waren, sondern auch Sklaven, die auf Fuerteventura zur Schwerarbeit verurteilt oder auf dem Sklavenmarkt von Las Palmas verkauft werden. Noch heute tragen viele Inselbewohner nordafrikanische Züge. **Piraten** vom Nachbarkontinent holen zu Gegenschlägen aus, 1593 verwüstet der berberische Korsar Arráez die Hauptstadt Betancuria und nimmt zahlreiche Bewohner gefangen. Auch europäische Korsaren überfallen die Inseln im Auftrag konkurrierender Kolonialmächte (Holland, Frankreich, England). Diese Kriegsführung der »Nadelstiche« soll das mittlerweile weltumspannende Imperium, in dem »die Sonne nie unter-

geht«, schwächen. Ende des 17. Jh. geht die Einwohnerzahl Fuerteventuras von 600 auf 130 Familien zurück.

1825 Karminrot als Basis für Wirtschaftsaufschwung und Export

Hoffnung ist schon mit der Anpflanzung der **Barrilla** ab 1769 aufgekeimt: Mit der Kristallmittagsblume kann man Soda (Natron) - etwa für die Herstellung von Waschmittel - gewinnen. Doch als in Europa Soda aus Salz hergestellt wird, bricht der Export ein. Ab 1825 löst **Koschenille** die Barrilla-Pflanze ab: Die gleichnamige Laus, die am liebsten auf Opuntienkakteen lebt, liefert einen intensiv roten Farbstoff (Karmin). Kakteen gedeihen problemlos auf der Wüsteninsel und so wird nun überall Koschenille geerntet.

Da die Kanarischen Inseln 1852 zur Freihandelszone erklärt werden, der spanische Staat also keinen Zoll für Ein- und Ausfahren erhebt, wird der Export enorm angekurbelt. Britische Investoren initiieren den Anbau von Tomaten, die sie im Winter nach London und Liverpool exportieren. Die

Abschaffung des Señorial-Status: Die Insel ist fortan nicht mehr im Besitz einer Adelsfamilie, sondern direkt der spanischen Krone unterstellt.

1837

General Franco unternimmt von den Kanaren aus einen Putschversuch gegen die republikanische Zentralregierung.

1936

1825 Karminrot als Basis für Wirtschaftsaufschwung und Export

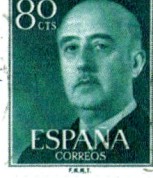

Verlegung der Hauptstadt nach Puerto de Cabras (heute Puerto del Rosario) acht Jahre später unterstreicht die Bedeutung des Exports für Fuerteventura. Ein Schlag für die Inselwirtschaft ist dann einige Jahre später die Herstellung künstlicher, billigerer Farben, die 1860 der Badischen Anilin- und Sodafabrik (BASF) gelingt. Ab 1870 bricht der Absatz des natürlich hergestellten Farbstoffs Karmin ein.

1837 Abschaffung des Señorial-Status (des Feudalsystems)

Auch auf der politischen Bühne tut sich im 19. Jh. viel: 1837 wird der Señorial-Status abgeschafft. Die Insel ist also nicht mehr im Feudalbesitz einer Adelsfamilie, sondern direkt der spanischen Krone unterstellt. Die Vorherrschaft der »Caciques« (Großgrundbesitzer) bleibt gleichwohl erhalten.

1936 General Franco unternimmt von Teneriffa einen Putschversuch

Bei den ersten freien Wahlen Spaniens 1931 hat es auf Fuerteventura keine Gegenkandidaten gegeben, und selbst als fünf Jahre später eine demokratische Opposition wählbar ist, kommt sie auf weniger als 20 % der Stimmen. **Francisco Franco** wird Militärgouverneur und startet 1936 von Teneriffa aus seinen Putsch gegen die gegen die republikanische Zentralregierung in Madrid. Dieser ist das Startsignal zu einem dreijährigen Bürgerkrieg auf dem spanischen Festland, dem eine 36 Jahre lange Diktatur folgt. Unter der Diktatur Francos sind alle wichtigen Ämter von seinen Gefolgsleuten besetzt. Ein tiefgreifender Wandel setzt erst nach Francos Tod 1975 ein.

1986 Spanien tritt EU und Nato bei – Kanaren mit Sonderstatus

Nach Francos Tod öffnet sich Spanien dem Westen, tritt 1986 **EU** und **NATO** bei. Die Kanaren erhalten hohe EU-Subventionen, die die Modernisierung aller Lebensbereiche ermöglichen. Wie auf den übrigen Kanaren, wenngleich etwas später, löst auch auf Fuerteventura ab 1990 der Tourismus die Landwirtschaft als Haupteinnahmequelle ab. Das traditionelle Auswanderer- wird

1986

Spanien tritt EU und Nato bei, die Kanaren erhalten einen privilegierten Sonderstatus.

1990er-Jahre

Der Tourismus wird wichtigster Wirtschaftszweig der Insel.

zum Einwandererland: Auf der Suche nach Arbeit kommen viele Marokkaner und Südamerikaner nach Fuerteventura, später auch schwarzafrikanische Bootsflüchtlinge, von denen die meisten wieder abgeschoben werden.

2000–2008 Der große Boom

Trotz offiziellen Baustopps entstehen neue Hotels, die Immobilienpreise steigen drastisch. Spaniens **Wirtschaftswunder** dauert von der Jahrtausendwende bis 2009. Das Pro-Kopf-Einkommen steigt über das durchschnittliche EU-Einkommen, die Wachstumsrate liegt bei 4 % pro Jahr und das nominale Vermögen der Spanier verdreifacht sich. Billiges Kreditgeld strömt dank der Währungssicherheit des Euro-Raums in den Süden. Viele Inselbewohner nehmen Kredite auf, um sich Wohnungen zu kaufen, die durch Steueranreiz zusätzlich begünstigt werden. Die Preise für Immobilien erreichen astronomische Höhen. Dann aber bringt diie globale Wirtschafts- und Finanzkrise das Modell »Leben auf Pump« zu Fall.

Seit 2009 Die Finanz- und Wirtschaftskrise trifft Fuerteventura hart

Trotz boomendem Tourismus steigt die **Arbeitslosigkeit** in ganz Spanien. Als der von außen kommende Kreditfluss verebbt, bricht die spanische Wirtschaft ein. Nach Erlahmen der Bauindustrie verlieren Tausende ihren Job, viele Läden schließen. Die staatlichen Sozialausgaben für Arbeitslose wachsen, während die Steuereinnahmen zurückgehen. Zusammengenommen belaufen sich die bei ausländischen Geldgebern aufgenommenen Staats-, Unternehmens- und Privatschulden auf 165 % des spanischen Bruttosozialprodukts. Freilich hat Fuerteventura – wie die anderen Kanareninseln – Glück im Unglück: Aufgrund der Unruhen in Nordafrika und der Türkei werden Besucher in großer Zahl auf die Kanarischen Inseln »umgelenkt«. Und vielleicht wird bald sogar Öl vor Fuerteventuras Küste gefördert – doch ist das wünschenswert? Die Einwohner Fuerteventuras jedenfalls protestieren gegen geplante Erdölbohrungen vor ihrer Küste.

2000–2008
Der große Boom: Trotz offiziellen Baustopps entstehen neue Hotels, die Immobilienpreise steigen drastisch.

2009
Fuertevenura wird von der UNESCO zum Biosphärenreservat erklärt.

Seit 2009

Die Finanz- und Weltwirtschaftskrise trifft Fuerteventura hart. Trotz boomendem Tourismus steigt die Arbeitslosigkeit.

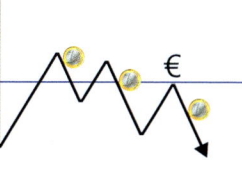

KULINARISCHES LEXIKON

A

aceite – Öl
aceitunas – Oliven
agua mineral – Mineralwasser
aguacate – Avocado
ajo – Knoblauch
a la brasa – gegrillt
al horno – im Ofen gebacken
a la plancha – gebraten
almendras – Mandeln
arroz – Reis
asado – gebraten
atún – Thunfisch
azúcar – Zucker

B

baifo – Zicklein
berenjena – Aubergine
berro – Kresse
bienmesabe – Mandel-Honig-Creme
bocadillo – belegtes Brötchen

C

cabra – Ziege
cabrito – Zicklein
café solo – Espresso
– cortado – Espresso mit Milch
calamares – Tintenfischringe
caldo – Fleischbrühe
– de pescado – Fischsuppe
carne – Fleisch
casero – hausgemacht
cazuela – Fischgericht mit Kartoffeln
cebolla – Zwiebel
cerdo – Schweinefleisch
cerveza – Bier
chipirón – Tintenfisch
chorizo – pikante Paprikawurst
chuleta – Kotelett

churros con chocolate – Spritzgebäck
mit heißer Schokolade
conejo – Kaninchen
cordero – Lamm
crudo – roh

D

desayuno – Frühstück
dorada – Goldbrasse
dulces – Süßigkeiten

E

en adobo – gebeizt, pikant eingelegt
ensalada – Salat
entrecote – Rippenstück
entremeses – Vorspeisen
escalope – Schnitzel

F

flan – Karamellpudding
frito – gebacken
fruta del mar – Meeresfrucht
frutas – Obst

G

garbanzos – Kichererbsen
gofio – geröstetes Getreidemehl

H

helado – Speiseeis
huevo – Ei
– duro – hartes Ei
– frito – Spiegelei
huevos revueltos – Rührei

J

jamón cocido – gekochter Schinken
– serrano – luftgetrockneter Schinken
judías – Bohnen

L

leche – Milch
lechuga – grüner Salat
lenguado – Seezunge
lomo – Rückenstück
lubina – Wolfsbarsch

M

macedonia de frutas – Obstsalat
mariscos – Meeresfrüchte
menú del día – Tagesmenü
merluza – Seehecht
mero – Zackenbarsch
miel – Honig
mojo – kanarische Gewürzsauce

P

pan – Brot
panecillo – Brötchen
papas/patatas – Kartoffeln
– arrugadas – Runzelkartoffeln
– fritas – Pommes frites
parrillada de pescado – gegrillte Fisch-
    platte
pescado – Fisch(gericht)
pimienta – Pfeffer
pimiento – Paprikaschote
pincho, pinchito – Spieß
plátano – Banane
pollo – Hähnchen
postre – Nachspeise
potaje – Gemüseeintopf
puchero – Eintopf aus Fleisch und
    Gemüse

Q

queso – Käse
– ahumado – geräucherter Käse
– azul – Edelschimmelkäse
– duro – gereifter Käse
– fresco – Frischkäse, Quark
– semiduro – halbreifer Käse
– tierno – Frischkäse

R

rancho canario – Gemüsesuppe mit
    Nudeln
ron – Rum
– con miel – Rum mit Honig
ropa vieja – herzhaftes Fleischgericht
    mit Kichererbsen

S

sal – Salz
salchichas – Würstchen
salchichón – Salami
salsa – Sauce
salmón – Lachs
sama – Zahnbrasse
sancocho – Kartoffelsuppe mit
    Gemüse und gekochtem Fisch
sopa – Suppe

T

tarta – Torte
tasca – Kneipe
tortilla española – Omelett mit
    Kartoffelstücken
– francesa – Omelett

U

uvas – Weintrauben

V

verdura – Gemüse
vino – Wein
– blanco – Weißwein
– de mesa – Tischwein
– del país – Landwein
– rosado – Roséwein
– seco – trockener Wein
– tinto – Rotwein

Z

zarzuela de mariscos – Fischpfanne
    mit Schalentieren
zumo – Saft

SERVICE

Anreise

MIT DEM FLUGZEUG

Am bequemsten und schnellsten ist die Kanareninsel Fuerteventura mit dem Ferienflieger zu erreichen. Von fast allen großen Flughäfen in Deutschland, Österreich und der Schweiz gibt es mehrmals wöchentlich Direktverbindungen, die Fuerteventuras Flughafen Puerto del Rosario in vier bis fünf Stunden Flugzeit ansteuern.

Die günstigsten Tarife gibt es bei Billigfliegern wie Ryan Air (www.ryanair.de) und Norwegian (www.norwegian. com), mit denen man bei frühzeitiger Buchung und zu bestimmten Terminen für weniger als 70 € auf die Insel fliegen kann. Etwas teurer, dafür aber auch mit mehr Komfort und Service reist man mit Airlines wie Condor (www.condor.de) und TUIfly (www. tuifly.com) auf die Insel. Generell gilt: Je früher Sie Ihren Flug buchen, desto günstiger ist der Preis; nur selten gibt es Last-Minute-Angebote für Flüge nach Fuerteventura. Beim Preisvergleich sollte man auch auf mögliche Zusatzkosten für mitgenommenes Gepäck, eventuelle Umbuchungen und Sitzplatzreservierung achten.

Auf www.atmosfair.de und www.myclimate.org kann jeder Reisende durch eine Spende für Klimaschutzprojekte für die CO_2-Emission seines Fluges aufkommen.

Aeropuerto de Fuerteventura

Tel. +34 (0) 928 86 06 00 |
www.aeropuertodefuerteventura.net

ANKUNFT UND TRANSFER

Urlauber, die ein Pauschalarrangement gebucht haben, werden am Flughafen abgeholt und zu ihrem Hotel gebracht. Die Transferzeiten betragen etwa eine Stunde bis Corralejo bzw. Costa Calma und rund zwei Stunden nach Jandía/ Morro Jable.

Individualtouristen müssen ihren Transfer selbst organisieren. Sie können sich am Flughafen entweder ein Auto mieten oder mit Taxi oder Bus zu ihrem Wunschort fahren. Am preiswertesten ist der öffentliche Bus (Linie 10), der dreimal täglich nach Puerto del Rosario bzw. Morro Jable fährt. Das Taxi kostet nach Corralejo und El Cotillo rund 50 €, zur Costa Calma 65 € und nach Jandía 85 €.

Auskunft

IN DEUTSCHLAND, ÖSTERREICH UND DER SCHWEIZ

Turespaña

– Lietzenburgerstr. 99 (6. OG), 10707 Berlin | Tel. 0 30/8 82 65 43 | www.spain. info/de/tourspain
– Walfischgasse 8, 1010 Wien |
Tel. 01/5 12 95 80 | www.spain.info/at/ tourspain
– Seefeldstr. 19, 8008 Zürich |
Tel. 01/2 53 60 50 | www.spain.info/ch/ tourspain

AUF FUERTEVENTURA

Patronato de Turismo ▸ S. 89, c 1

Almirante Lallermand 1, 35600 Puerto del Rosario | Tel. 928 53 08 44 | www.fuerte venturaturismo.com | Mo–Fr 8–15 Uhr

Buchtipps

Spanisch für die Kanarischen Inseln – Wort für Wort (Reihe Kauderwelsch, Reise Know-How Verlag, 2009) Nicht nur ein Basiskurs, sondern zugleich eine Einführung in alle Besonderheiten des »atlantischen Spanisch« und in die kanarische Mentalität.

Harald Braem: Der Kojote im Vulkan – Märchen und Mythen von den Kanarischen Inseln (Zech, 2013) Der deutsche Ethnologe hat spannende Geschichten von den Ureinwohnern zusammengetragen, natürlich auch aus Fuerteventura.

Rafael Chirbes: Am Ufer (Kunstmann, 2014) Hart ist der Stoff, leicht die Feder: Der Roman erzählt, wie ganz normale Spanier in den Sog des schnellen Geldverdienens gerieten und »über Nacht« fast alles verloren, wie Skrupellosigkeit zur moralischen Norm wurde und Korruption zum Kaveliersdelikt. Die Handlung spielt auf dem Festland, ist aber leicht auf Fuerteventura übertragbar, wo Bürgermeister, bestochen von Bau- und Immobilienunternehmern, wegen Korruption und Veruntreuung öffentlicher Gelder in den Knast wandern.

Gerta Neuroth (Hrsg.): Meereslaunen – Caprichos de mar (konkursbuch, 2012) Den kanarischen Autoren erscheint das Meer als Lebenselixier und als Bedrohung, es weckt Sehnsüchte und Träume. Und da die schön bebilderte Ausgabe zweisprachig ist, kann man en passant Spanisch lernen.

Diplomatische Vertretungen

Auf Fuerteventura gibt es keine Konsulate. In Notfällen zuständig:

Deutsches Konsulat

Calle Albare1da 3, Las Palmas de Gran Canaria | Tel. 928 49 18 80 | www.las-palmas.diplo.de

Österreichisches Konsulat

Hotel Eugenia Victoria, Av. Gran Canaria 26, Playa del Inglés, Gran Canaria | Tel. 928 76 25 00

Schweizer Konsulat

Calle Núñez de Balboa 35, Madrid | Tel. 914 36 39 60

Feiertage

1. Januar Nuevo Año (Neujahr)
6. Januar Los Reyes (Heilige Drei Könige)
1. Mai Día del Trabajo (Tag der Arbeit)
30. Mai Día de las Islas Canarias (Tag der kanarischen Autonomie)
29. Juni Pedro y Pablo (Peter u. Paul)
25. Juli Santiago Apóstol (Heiliger Jakobus)
15. August Asunción de la Virgen (Mariä Himmelfahrt)
12. Oktober Día de la Hispanidad (Entdeckung Amerikas)
1. November Todos los Santos (Allerheiligen)
6. Dezember Día de la Constitución (Verfassungstag)
8. Dezember Inmaculada Concepción (Mariä Empfängnis)
24. Dezember Nochebuena (Heiligabend)
25. Dezember Navidad (Weihnachten)

Geld

Banken gibt es in allen Ferienorten. Sie haben in der Regel Mo–Fr 9–14, im Winter auch Sa 9–12.30 Uhr geöffnet und verfügen über Geldautomaten, an denen man rund um die Uhr per Kredit- oder EC-Karte (mit persönlicher Geheimzahl) Geld abheben kann. Die hier gebräuchlichsten Kreditkarten sind Visa und Mastercard. Sie werden von der Mehrzahl der Hotels und Restaurants sowie von Geschäften und Autovermietungen akzeptiert.

Links und Apps

LINKS

www.visitfuerteventura.es
Gut aufbereitete Seite des Fremdenverkehrsamts mit Infos zu Anreise und Verkehrsmitteln, Unterkünften und Restaurants, Einkaufen, Sport u. v. m.
www.artesaniaymuseosdefuerte ventura.org
Alle der Inselregierung unterstehenden Museen und Kunsthandwerksläden. Leider sind die Öffnungszeiten nicht zuverlässig.
www.el-foco.es
»Fuerteventura mit anderen Augen sehen«: So wirbt die deutschprachige Inselzeitschrift für ihre Online-Version. Beiträge zu Umwelt und Ökosystem, Architektur und Kultur, die man anderswo vergeblich sucht.
www.fuerteventurazeitung.de
Online-Ausgabe der gleichnamigen Zeitschrift mit aktuellen Inselnachrichten, klar gegliedert in Redaktions- und Anzeigenteil. Auch ältere Ausgaben zum kostenlosen Download.
www.spiritoffuerteventura.com
In der Online-Version der englischsprachigen Gratis-Zeitschrift sind v. a.
die aktuellen Inselberichte interessant. Unter www.fuerteventura-bidi.com bringt die Zeitschrift einen Reiseführer fürs Tablet und Smartphone.
www.fuerteinfo.net
Neben den üblichen Angeboten (Unterkunfts- und Autoverleihvermittlung) findet man hier auch eine Galerie mit Bildern und Videos zur Insel.

APPS

www.fuerteventura2go.net
Fuertes Fremdenverkehrsamt bietet auf dieser Gratis-App Restaurantempfehlungen, Infos zu Märkten, Veranstaltungshinweise und mehr.
Für iPhone, iPad und iPod | kostenlos
Fuerteventura live App
Gratis-App mit schönen Bildern von einem bekannten Insel-Fotografen.
Für Android | kostenlos

Medizinische Versorgung

KRANKENVERSICHERUNG

Die Vorlage einer Europäischen Krankenversicherungskarte (EHIC) ist ausreichend. Als zusätzlicher Versicherungsschutz empfiehlt sich der Abschluss einer Auslandskrankenversicherung, da diese Krankenrücktransporte mitversichert.

KRANKENHAUS
Hospital General de Fuerteventura
▶ S. 89, westl. a 3
Puerto del Rosario, Carretera del aeropuerto, Km 1 | Tel. 928 86 20 00

APOTHEKEN
Apotheken (»farmacias«), am grünen oder roten Kreuz erkennbar, sind in der Regel Mo–Fr 9–13 und 17–19 bzw. 20, Sa 9–13 Uhr geöffnet.

Nebenkosten

1 Tasse Kaffee	ab 1,50 €
1 Bier	ab 2,00 €
1 Cola/Limo	ab 1,50 €
1 Brot (ca. 500g)	ab 2,70 €
1 Schachtel Zigaretten	ab 2,00 €
1 Liter Super-Benzin	1,10 €
Fahrt mit öffentl. Verkehrsmitteln (Einzelfahrt)	1,20 €
Mietwagen/Tag	ab 30,00 €

Notruf

Euronotruf Tel. 112 (Polizei, Feuerwehr, Rettungsdienst)

Post

Die Briefkästen auf Fuerteventura sind gelb. Internationale Post wirft man in den Kasten mit der Aufschrift »Extranjero«. Briefmarken erhält man auf dem Postamt, in Supermärkten und Souvenirshops. Die Postämter (»correos«) sind Mo–Fr 9–14 und Sa 9–12.30 Uhr geöffnet. Eine Postkarte nach Deutschland, Österreich und in die Schweiz kostet 0,75 €.

Reisedokumente

Deutsche, Österreicher und Schweizer können mit einem gültigen Reisepass oder Personalausweis (Identitätskarte) einreisen. Kinder benötigen ein eigenes Reisedokument.

Reiseknigge

Kein Urlauber wird bei seinem Aufenthalt auf den Kanaren einen Kulturschock erleben, denn jahrzehntelanger Tourismus, EU-Beitritt und Sat-TV haben viele Mentalitätsunterschiede eingeebnet. Gleichwohl gibt es paar Dinge, die man während des Urlaubs beachten sollte.

Außerhalb der großen Ferienzentren schätzt man noch immer die **Siesta**, nachmittags von ca. 13–17 Uhr sind die Geschäfte geschlossen, die Straßen leer. Wer in kanarischem Ambiente speisen will, sollte mittags nicht vor 14 und abends nicht vor 21 Uhr ins **Restaurant** gehen. In den **Discos** ist am Wochenende erst ab Mitternacht etwas los.

Leider ist inzwischen auch auf Fuerteventura in vielen Restaurants **Wachsamkeit** angesagt. Um Touristen-Fantasiepreise zu vermeiden, sollten Sie vor der Bestellung auf Einsicht in eine Karte bestehen und nach dem Mahl die Rechnung überprüfen. Stimmen die verlangten Preise nicht mit der Karte überein und will der Kellner keine Korrektur vornehmen, so reicht meist die einfache Frage nach dem **Beschwerdebuch**, um das Problem aus der Welt zu schaffen. Denn in Spanien sind alle touristischen Einrichtungen verpflichtet, ein »libro de reclamaciones« zu führen, das dem Gast auszuhändigen ist, sofern dieser es verlangt. Das Beschwerdeblatt besteht aus einem Original und drei Kopien und kann auch in deutscher Sprache ausgefüllt werden. Eine der Kopien muss der Besitzer des Betriebs innerhalb eines Monats bei der Tourismusbehörde abgeben. Wurde dem Beschuldigten bereits in der Vergangenheit unsauberes Verhalten nachgewiesen, droht Lizenzentzug.

Falls Sie gern **Mineralwasser** trinken, sollten Sie prinzipiell »agua mineral con gas« (Wasser mit Kohlensäure) bestellen. Wasser ohne Kohlensäure (»sin gas«) bedeutet in manch einem Lokal, dass Sie in Flaschen gefülltes Leitungswasser bekommen, für das überdies ein stolzer Preis verlangt wird.

Reisezeit

Das ganze Jahr über ist es auf Fuerteventura frühlingshaft warm. Die Temperaturen liegen zwischen 20 und 28 °C, auch nachts ist es mit 13–19 °C angenehm mild. So heiß wie in der nahen Sahara wird es auf Fuerteventura nur, wenn der Wind auf Ost oder Südost schwenkt, doch das geschieht zum Glück selten. Meist weht der Wind aus nordöstlicher Richtung, und der kühle Meeresstrom tut ein Übriges, um die Temperaturen zu drücken.

Sicherheit

Trotz Krise ist Fuerteventura ein sicheres Reiseziel. Sollten Sie dennoch Opfer eines Diebstahls werden, müssen Sie diesen der Polizei melden. Nur gegen Vorlage eines Polizeiprotokolls (»denuncia«) können Sie Ansprüche bei Ihrer Versicherung geltend machen bzw. beim Konsulat (▶ S. 147) einen Ersatzausweis beantragen.

Telefon

Das Mobilfunknetz ist gut ausgebaut. In allen größeren Orten gibt es öffentliche Telefonzellen. Die dafür benötigten Telefonkarten (»tarjetas telefónicas«) bekommt man auf der Post und in Tabakläden.

VORWAHLEN

D, A, CH ▶ **Spanien** 00 34
Spanien ▶ **D** 00 49
Spanien ▶ **A** 00 43
Spanien ▶ **CH** 00 41

Tiere

Hunde und Katzen benötigen zur Einreise einen EU-Heimtierausweis (stellt der Tierarzt aus) mit Nachweis einer Tollwutimpfung. Das Tier muss durch einen Mikrochip identifizierbar sein.

Trinkgeld

In Restaurants sind 5–10 % Trinkgeld üblich, sofern der Gast mit dem Service wirklich zufrieden war. Zimmermädchen und Portiers erwarten 3 € wöchentlich, Taxifahrer eine Aufrundung des Betrags.

Verkehr

AUTO

Um das Inselinnere zu erkunden, braucht man einen Mietwagen, für die abgelegenen Orte im Südwesten ist ein Jeep ratsam. Wer ein Auto mieten möchte, muss mindestens 21 Jahre alt sein und den Führerschein schon ein Jahr besitzen. Bei Vertragsabschluss ist der Personalausweis oder Reisepass vorzulegen.

Gut gewartete Wagen und freundlichen Service bietet die Firma Cicar, die nicht nur am Flughafen, sondern auch in den touristischen Hauptorten Jandía, Corralejo und Costa Caleta vertreten ist. Ab einer Mietdauer von drei Tagen gibt es Rabatt, voller Haftpflichtschutz und unbegrenzte Kilometerzahl sind garantiert. Wer bereits vor der Reise ein Auto reservieren will, um es bei Ankunft am Hafen oder Flughafen in Empfang zu nehmen, wendet sich an die Zentrale (www.cicar.com).

Die Höchstgeschwindigkeit in geschlossenen Ortschaften beträgt 50 km/h, auf Landstraßen 90 km/h. Es besteht Anschnallpflicht, die Promillegrenze liegt bei 0,5. Gelbe Bordsteinkanten bedeuten ein generelles Parkverbot, bei blauen Markierungen ist eine Parkgebühr fällig.

Die Bußgelder für Verkehrsverstöße sind in Spanien auf astronomische Höhen geklettert, für das Überfahren der weißen Mittellinie wurden schon 60 € kassiert. Aber auch der Autovermieter kann Sie zur Kasse bitten. Sieht er, dass der Wagen mit Salzwasser oder Sand in Berührung gekommen ist, riskieren Sie eine empfindliche Strafe. Falls Sie eine Panne haben sollten, rufen Sie den Abschleppdienst:

– Grúas Morro Jable | Tel. 928 54 12 11
– Grúas Puerto del Rosario | Tel. 928 85 16 90

BOOT

Ab Corralejo, Costa Caleta und Morro Jable starten mehrmals wöchentlich Ausflugsschiffe zu Touren entlang der Küste. In Corralejo werden Fahrten zur Felsinsel Lobos und zu den Papagayo-Stränden angeboten. Im Glasbodenboot – für Familien mit Kindern sehr empfehlenswert – erkundet man die seichte Meerenge El Río. Über Abfahrtszeiten und Preise informieren Reisebüros und Informationsstände am Hafen.

BUS

Zwar gibt es inzwischen gute Busverbindungen, doch viele kleinere Orte werden nach wie vor nur einmal pro Tag oder gar nicht angefahren (www.maxoratabus.com/tiadhe, Abfahrtszeiten). 30 % Rabatt auf den Buspreis erhält, wer sich beim Busfahrer einen Bono BtF (Mehrfachfahrkarte ab 15 €) kauft; Kinder bis zu 3 Jahren fahren gratis. Es empfiehlt sich generell, 15 Minuten vor dem vorgesehenen Abfahrtstermin an der Haltestelle zu sein.

FAHRRAD

Der starke Wind ist oft störend, und es mangelt an Radwegen. Dennoch: Mountainbikes kann man in allen großen Ferienzentren, etwa in Corralejo, Costa Calma und Jandía, mieten.

FÄHRE

Von Corralejo im Norden Fuerteventuras gelangt man mehrmals täglich nach Playa Blanca auf Lanzarote. Die Nachbarinsel ist nach nur 20 Minuten Fahrzeit erreicht. Von Morro Jable im Süden der Insel kommt man mit dem

Klima (Mittelwerte)

	Januar	Februar	März	April	Mai	Juni	Juli	August	September	Oktober	November	Dezember
Tages-temperatur	21	21	21	22	23	24	26	27	26	25	23	22
Nacht-temperatur	15	15	16	16	17	18	20	21	19	19	17	16
Sonnen-stunden	6	7	8	8	9	9	10	9	8	7	6	6
Regentage pro Monat	3	2	1	1	0	0	0	0	1	1	3	3
Wasser-temperatur	19	19	18	18	19	20	21	22	23	22	21	20

Fährschiff täglich nach Las Palmas de Gran Canaria. Die Überfahrt dauert etwa zwei Stunden. Von Puerto del Rosario an der Ostseite verkehrt zweimal wöchentlich eine Fähre nach Gran Canaria, diese benötigt acht Stunden für die Überfahrt (www.fredolsen.es, www.naviera-armas.com).

TAXI

Taxis können Sie an der Hotelrezeption bestellen, und außerdem gibt es in jedem größeren Dorf einen Taxistand (»parada de taxi«). Die Fahrzeuge sind am SP-Schild (»Servicio Público«) oder am grünen Licht auf dem Dach erkennbar. Die Fahrpreise sind amtlich festgesetzt und in einer Tarifliste aufgeführt, die jeder Taxifahrer mit sich führen muss.

Zeitungen und Zeitschriften

Beliebt sind bei Residenten und Touristen die alle zwei Wochen in deutscher Sprache erscheinende Fuerteventura Zeitung und El Foco, die es beide auch als Online-Ausgabe gibt (▶ S. 148).

Zeitverschiebung

Auf den Kanarischen Inseln besteht eine Stunde Zeitdifferenz zur MEZ, Gäste aus Mitteleuropa stellen ihre Uhr also um eine Stunde zurück.

Zoll

Die Kanaren sind noch immer Freihandelszone, weshalb es bei der Einreise keine Zollbestimmungen gibt. Bei der Rückreise nach Deutschland, Österreich und in die Schweiz gelten folgende Freigrenzen (wegen des kanarischen Sonderstatus niedriger als EU-üblich): 200 Zigaretten, 100 Zigarillos, 50 Zigarren oder 250 g Tabak; 1 l Spirituosen über oder 2 l unter 22 Vol.% Alkoholgehalt oder 2 l Schaumwein, dazu 2 l Tischwein; Souvenirs sind frei bis ca. 180 €. Weitere Auskünfte unter www.zoll.de, www.bmf.gv.at/zoll und www.zoll.ch.

Entfernungen (in km) zwischen wichtigen Orten

	Ajuy	Antigua	Betancuria	Costa Caleta	Corralejo	La Oliva	La Pared	Morro Jable	Pájara	Puerto del Rosario
Ajuy	–	33	26	57	77	58	35	69	10	56
Antigua	33	–	8	24	47	31	53	77	24	23
Betancuria	26	8	–	32	51	32	45	79	16	28
Costa Caleta	57	24	32	–	43	39	76	110	47	13
Corralejo	77	47	31	43	–	16	96	130	67	30
La Oliva	58	31	32	39	16	–	77	111	48	26
La Pared	35	53	45	76	96	77	–	34	29	73
Morro Jable	69	77	79	110	130	111	34	–	63	107
Pájara	10	24	16	47	67	48	29	63	–	44
Puerto del Rosario	56	23	28	13	30	26	73	107	44	–

ERHÄLTLICH
ALS E-BOOK
ODER ALS BUCH
MIT LEINEN-
EINBAND

Erlesene
Auf den Spuren berühmter
Persönlichkeiten
Ziele

MERIAN
Die Lust am Reisen

ORTS- UND SACHREGISTER

Wird ein Begriff mehrfach aufgeführt,
verweist die **fett** gedruckte Zahl auf die Hauptnennung.
Abkürzungen: Hotel [H] · Restaurant [R]

Abendessen 28
Ajuy 10, **93**, 125
Alberto [H] 78
Aldiana Fuerteventura
[H] 75
Aloe Vera Fresca 35
Ampuyenta, La 126
Amtssprache 137
Anreise 146
Antigua 13, 17, 50, **94**,
124, 126
Apps 148
Asomada, La 90
Auditorio Insular 90
Auskunft 146
Azzurro [R] 53

Bahía La Pared [R] 108
Bahía Playa [H] 112
Barceló Club El Castillo
[H] 67
Barraca, La [R] 112
Barrilla 141
Beach Café [R] 68
Best Age Cordial [H] 72
Betancuria [MERIAN
TopTen] 10, 28, 35, 41,
50, **95**, 124, 140, 141
Bevölkerung 136
Biblioteca (Antigua) 94
Biosphärenreservat 34
Bird Watching **36**, 78, 121
Blues-Festival 51
Bodegón Don Carmelo
[R] 98

Bootsregatta Vela Latina
48
Bruderschaft der Fischer
53
B-Side [R] 72
Buchtipps 147
Butihondo 75

Cabracadabra 40
Cabrito, El 41
Calderón Hondo 104
Caleta de Fustes 66
Caleta Negra 125
Capilla San Antonio
103
Caracolitos, Los [R] 111
Casa Alta **17**, 113
Casa de los Coroneles
105
Casa Don Antonio [R]
115
Casa Isaítas [H] 35
Casa Isaítas [R] 107
Casa Mané – Centro de
Arte Canario 106
Casa Marcos [H] 117
Casa Museo Unamuno
88
Casas del Puertito 130
Casa Santa María 96
Casa Santa María [R] 28
Casillas del Ángel **99**, 126
Castillo de San
Buenaventura 66
Castillo de El Tostón 101

Catedral de Santa María
96
Centro de Arte Juan
Ismael 88
Centro Cultural [R] 107
Centros Comerciales 38
Clean Ocean Project 36
Clubs 22
Cluburlaub **22**, 67, 75, 78,
108
Cofete 19, 35, **99**, 128
Convento Franciscano
de San Buenaventura
96
Coronado [H] 24
Coronado [R] 79
Corralejo 12, 19, 46, 49,
50, 51, 54, 55, **59**, 84,
126
Costa Caleta 46, **66**, 124
Costa Calma 13, 35,46,
48, **70**, 124
Cotillo, El 47, 53, **100**,
127
Cotillo Lagos [H] 101
Cotillo Sunset [H] 101
Cubas, Juan Miguel 53
Cueva del Llano 116
Cuevas de Ajuy [R] 94

Degollada de Cofete 99
Diplomatische
Vertretungen 147
Divino DVN, El [R] 72
Dovela [R] 29

Dünen von Corralejo
[MERIAN TopTen] 10,
19, 35, 42, 49, **60**

Elba Palace Gold [H]
67
Einkaufen 38
Einwohner 137
Ermita de la Peña
[MERIAN Momente]
15, 114
Esquinzo/Butihondo
75
Essen und Trinken **26**,
144
Exodus (Film) **18**, 101

Factoría, La [R] 61
Faro de la Entallada
[MERIAN Momente]
14, 109
Faro de Jandía 129
Faro Jandía [H] 78
Faro de Tostón
[MERIAN TopTen]
10, **102**
Farola del Mar, La [H]
79
Feaga (Landwirtschafts-
messe) 50
Feiertage 147
Felsinsel Lobos
[MERIAN TopTen] 11,
15, 17, 55, **130**
Feria Insular de
Artesanía 50
Ferien auf dem Land 23
Ferienzentren 58
Feste feiern **48**, 147
Festival de Cometas
(Festival der Wind-
drachen) 49, 51
Festival de Música 50

Festival der Wind-
drachen 48
Fiesta del Agua 50
Fiesta Jurada de Tamasite
51
Fiesta de Nuestra Señora
de la Candelaria 50
Fiesta de la Virgen de la
Peña 51
Fiesta de la Virgen del
Rosario 51
Finca Era de la Corte [H]
95
Fläche 137
Frasquita [R] 68
Freiduría El Tino [R] 89

Galería [R] 72
Geld 148
General Franco 142
Geografie 136
Geria, La 132
Geschichte 138
Glasbodenboot 55
Gofio 27
Golf **44**, 66, 67, 68, 69,
75, 108, 109
Gran Hotel Atlantis
Bahía Real [H] 60
Gran Tarajal 50, 53, **102**
Grandes Playas
(Corralejo) 60
Granja Agrícola y
Experimental de Pozo
Negro **18**, 50, 110
Grüner reisen 34

Horno, El [H] 117

Iglesia Nuestra Señora
del Rosario 87
Ineika [H] 61
Internet 137

Internetportale 24
Isla, La [R] 68
Isla de Lobos [MERIAN
TopTen] 11, 15, 17, 55,
130

Jandía/Morro Jable 76
JM Puerto Rosario [H]
88

Karneval **49**, 50
Kite-Surfen **43**, 48, 74
Koschenille 141
Küste von Ajuy [MERI-
AN TopTen] 10, **93**
Kulinarisches Lexikon
144

Lage 136
Lagune Playa Barca 13,
46, **71**
Lagunillas, Las 130
Lajares 36, **103**
Lajita, La **104**
Lanzarote 132
Links 148
Lobos 11, 15, 17, 55, **130**

Mafasca 13
Magic Life Fuerteventura
Imperial [H] 75
Mahoh [H] 116
Malocello, Lancelotto 139
Marabú [R] 29
Marina Playa [H] 24
Marina Playa [R] 76
Marquesina [R] 62
Maxorata 138
Me gusta Fuerteventura
18
Medizinische
Versorgung 148
Meliá Gorriones [H] 72

Mercadillo de la Lajita 54
Mercadillos 38
Mercados (Märkte) 38, 63
Mercados artesanales 39
Mesón Tío Bernabé [R] 62
Mirador de la Degollada de la Villa [MERIAN Momente] 13/14
Mirador Estelar de Sicasumbre 53
Mirador Morro de la Cruz 124
Mirador de Las Peñitas [MERIAN Momente] 15, 115
Mirador Morro Velosa [MERIAN TopTen] 10, 98, 124
Mittagessen 28
Mojo 27
Molino de Antigua 94
Montaña de Lobos 130
Montaña Quemada 113
Montaña Roja [MERIAN Momente] 12, 60, 126
Montaña Tindaya 114
Morro Jable 76
Museo Arqueológico y Etnográfico de Betancuria 97
Museo del Grano 107
Museo del Queso 17, 95
Museumsläden 39

Naturschutz 60, 76, 82, 93, 129, 130
Nebenkosten 149
Neujahr 49
Notruf 149

Nuestra Señora de la Candelaria 105
Nuestra Señora del Carmen (Fest) 50
Nuestra Señora de la Concepción (Fest) 51
Nuestra Señora de la Regla 107

Oasis Park 39, 54, 104
Oasis Rural [H] 116
Oceanarium 66
Oliva, La 105, 127

Pájara 107, 125
Pancho Villa [R] 102
Papageifisch 26
Pared, La 14, 107
Parque Escultórico 88
Patio de Lajares, El [H] 104
Phönizier 138
Piraten 141
Playa [R] 102
Playa Las Agujas 60
Playa del Aljibe de la Cueva 101
Playa Barca [MERIAN Momente] 13, 46, 51, 70, 71
Playa de Barlovento [MERIAN TopTen] 11, 46, 76, 129
Playa Blanca 91
Playa Blanca (Lanzarote) 133
Playa del Castillo 101
Playa de la Concha 130
Playa de Corralejo 46, 51, 59
Playa Corralejo Viejo 59
Playas de Costa Caleta 46

Playa Costa Calma 46, 70
Playa Esquinzo 46
Playa La Goleta 60
Playa del Matorral 47, 75, 76
Playa El Médano 60
Playa Muelle Chico 59
Playa de La Pared 14
Playa de las Playitas 47
Playa de Pozo Negro 47
Playa de Tarajalejo 47
Playa del Viejo Rey [MERIAN Momente] 14
Playa Vista [H] 80
Playas del Cotillo 47
Playas de los Lagos 101
Playas de Sotavento de Jandía [MERIAN TopTen] 10, 42, 43, 46, 70, 75, 76
Playitas, La 108
Playitas Resort [H] 108
Politik und Verwaltung 137
Post 149
Pozo, El 96
Pozo Negro 109
Princess Arminda [H] 98
Productos de Fuerteventura 18, 40, 90
Produkte aus Ziegenmilch 18
Puerto de la Cruz 110
Puerto Lajas 91
Puerto de los Molinos, El 113, 127
Puerto del Rosario 7, 50, 51, 86, 126
Punta Faro de Jandía 129
Purpur-Manufaktur, Römische (Lobos) 17, 130

R2 Río Calma [H] 25
Radfahren **44**, 64, 74, 75, 108, 109, 151
Rainbow Fuerteventura **19**, 51
Rampa, La [R] 109
Rancho Barranco de los Caballos 44
Reisedokumente 149
Reiseknigge 149
Reisezeit 150
Reiten **44**, 112
Religion 137
Reyes Magos 49
Risco del Gato [H] 35
Risco del Paso (Riesen-düne) [MERIAN Momente] 13
Riu Palace Tres Islas [H] 61
Robinson Club 23
Robinson Esquinzo Playa [H] 75
Robinson Jandía Playa [H] 78
Römer 139
Roque Mar [H] 88
Roque del Moro 128
Roter Berg ▶ Montaña Roja

Saladar de Jandía 77
Salinas del Carmen, Las [MERIAN TopTen] 11, 14, **110**, **118**
Salz 118
San Buenaventura (Fest) 50
San Juan (Fest) 50
Scarpetta da Mario, La [R] 62
Seehecht 23
Segeln **44**, 49, 74, 81, 109

Semana Santa 50
Service 146
Sheraton [H] 68
Sicherheit 150
Sidrería La Cabaña Asturiana [R] 63
Sombrero, El [R] 63
Soulsurfer Hotel [H] 101
Sport und Strände 42
Sprache 137
Sterne schauen **37**, 53, 84
Strada, La [H] 80
Strände 8, 11, 42, **46**, 59, 75, 76, 87, 101, 128
Surfen **43**, 48, 64, 74, 109

Tarajalejo 111
Tauchen **45**, 64, 69, 74, 81
Taxi 152
Tefía [MERIAN TopTen] 11, **113**, 126
Telefon 150
Tennis **45**, 74
Terraza del Muelle, La [R] 89
Thalaventura 69
Tiendas de Artesanía 41
Tiere 150
Timanfaya 132
Timple 40
Tindaya 113
Tintenfische 27
Tiscamanita **114**, 124
Trinkgeld 150
Tuineje **114**, 124
Turismo rural 23, 96

Übernachten 22
Unamuno, Miguel de 7, 27, **88**, 96, 109, 113, 124

Varadero [H] 112
Vega de Río Palmas 15, 51, **114**, 125
Vela Latina **49**, 51
Verkehr 150
Vesubio [H] 80
Victor [R] 109
Villa Winter 70, 99, **128**
Villaverde 116
Virgen de la Peña 115

Währung 137
Waikiki [H] 80
Wal-Skelette [MERIAN Momente] **14**, 77, 110, 130
Wandern 15, 36, 37, **45**, 55 76, 99, 104, 130
Wasserpark Baku 64
Weihnachten 51
Windsurfing World Cup 48, **51**
Winter, Gustav 70, 99, **128**
Wirtschaft 137
Worldcup der Wind-surfer 48

Zackenbarsch 26
Zeitungen und Zeitschriften 152
Zeitverschiebung 152
Ziegenbarsch 26
Ziegenkäse 28
Zoll 152

Liebe Leserinnen und Leser,

vielen Dank, dass Sie sich für einen Titel aus unserer Reihe MERIAN *momente* entschieden haben. Wir wünschen Ihnen eine gute Reise. Wenn Sie uns nun von Ihren Lieblingstipps, besonderen Momenten und Entdeckungen berichten möchten, freuen wir uns. Oder haben Sie Wünsche, Anregungen und Korrekturen? Zögern Sie nicht, uns zu schreiben!

Alle Angaben in diesem Reiseführer sind gewissenhaft geprüft. Preise, Öffnungszeiten usw. können sich aber schnell ändern. Für eventuelle Fehler übernimmt der Verlag keine Haftung.

© 2015 TRAVEL HOUSE MEDIA GmbH, München
MERIAN ist eine eingetragene Marke der GANSKE VERLAGSGRUPPE.

TRAVEL HOUSE MEDIA
Postfach 86 03 66
81630 München
merian-momente@travel-house-media.de
www.merian.de

Alle Rechte vorbehalten. Nachdruck, auch auszugsweise, sowie die Verbreitung durch Film, Funk, Fernsehen und Internet, durch fotomechanische Wiedergabe, Tonträger und Datenverarbeitungssysteme jeglicher Art nur mit schriftlicher Genehmigung des Verlages.

BEI INTERESSE AN MASSGESCHNEIDERTEN MERIAN-PRODUKTEN:
Tel. 0 89/4 50 00 99 12
veronica.reisenegger@travel-house-media.de

BEI INTERESSE AN ANZEIGEN:
KV Kommunalverlag GmbH & Co KG
Tel. 0 89/9 28 09 60
info@kommunal-verlag.de

1. Auflage

VERLAGSLEITUNG
Dr. Malva Kemnitz
REDAKTION
Beate Martin
LEKTORAT
Marion Trutter
BILDREDAKTION
Lisa Grau
SCHLUSSREDAKTION
Christiane Gsänger
HERSTELLUNG
Bettina Häfele, Katrin Uplegger
SATZ/TECHNISCHE PRODUKTION
h3a GmbH, München
REIHENGESTALTUNG
Independent Medien Design, Horst Moser, München (Innenteil), La Voilà, Marion Blomeyer & Alexandra Rusitschka, München und Leipzig (Coverkonzept)
KARTEN
Gecko-Publishing GmbH für MERIAN-Kartographie
DRUCK UND BINDUNG
Firmengruppe APPL, aprinta Druck, Wemding

Ein Unternehmen der
GANSKE VERLAGSGRUPPE

PEFC/04-32-0928

BILDNACHWEIS
Titelbild (Blick auf den Strand von La Pared), Getty Images
Andia.fr 86 | H. Arndt 125 | Avenue Images/Agefotostock: A. Pavan 134/135 | Bildagentur Huber: P. Canali 2, 58, 97, M. Rellini 105 | I. R. Carcano u. M. González 25 | Caro: Oberhaeuser 26 | Corbis: A. Copson 122/123, Atlantide Phototravel 62 | ddp images/Marco: R. Harding 4/5 | dpa Picture-Alliance: R. Hardin 13, M. Lange 56/57 | F1online 160 u., AGE: A. Dawson 129 | Fotolia: F. Boston 142 r., gipfelstuermer 143, Jipé 142 l., E. Nator 14, G. Weber 15 | gemeinfrei 139 l., 139 r., 140, 141 l., 141 r. | I. Gawin 12, 17, 37, 41, 54, 73, 79, 82, 95, 160 o. | imagebroker: Siepmann 138, vario images 115 | imago: Eibner 45 | laif: H. Eid 112, I. Kürschner 47, N. Hilger 22, 91 | look-Foto 29, 111 | mauritius images: Alamy 16, 38, 55, 61, 69, 106, 117, imagebroker 92, 99, 100, 103 | Prisma: A. Huijzer 13 | shutterstock: T. Jesenicnik 19, P. Kazmierczak 6, T. Kulikova 20/21, 48, 127, P. Lange 30, mangojuicy 118, moreimages 42, nito 65, 136, J. Resnick 53 | Stars by night 52 | Xtreme Car Rental: T. Wolf 74

GESTERN & HEUTE

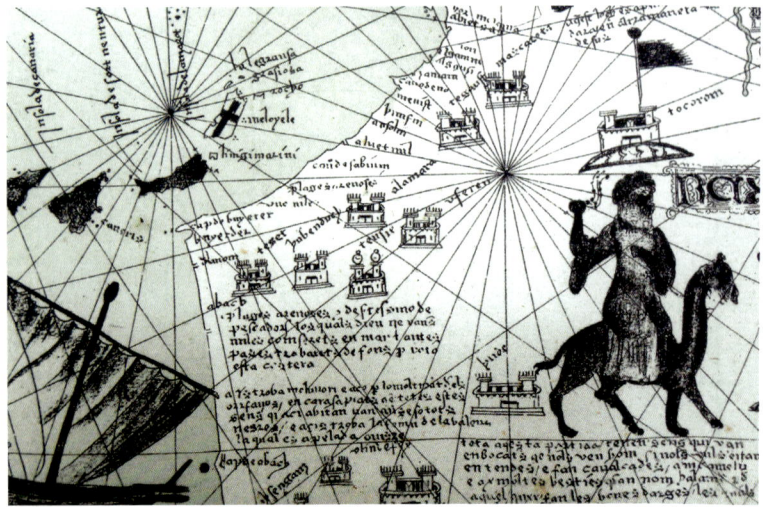

Vision und Wirklichkeit: Eine Karte aus dem 14. Jh. belegt, dass die Seefahrer damals Afrika und seine Inseln als Land der Zukunft sahen. Die vielen Burgen zeigen Eroberungswünsche. Doch die Natur des schwarzen Kontinents war wenig gastlich. Dass sich die Wüste ausdehnt, lässt sich heute durch Satellitenkarten belegen. Die Kanaren allerdings nahmen die Spanier ein, die Inseln zählen bis heute zu Europa. Und der Andrang geht weiter: Touristen sind die Eroberer der Neuzeit.

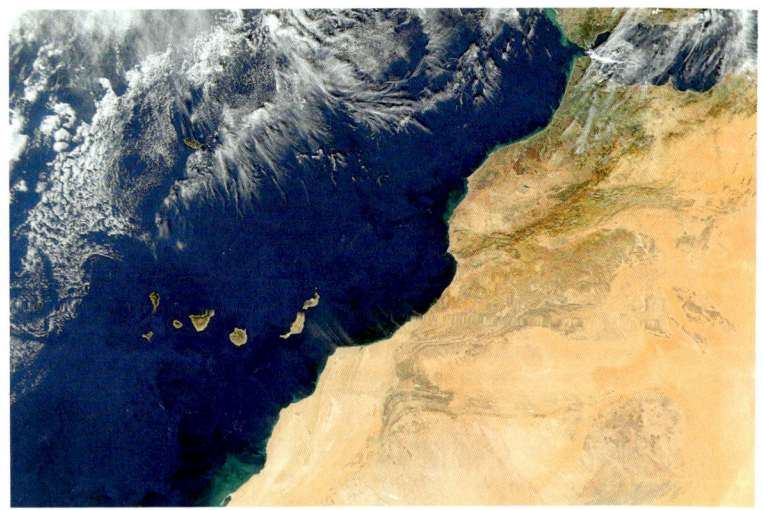